11
Firestone
TOBACCO and PIPES

Falken-Bunte-Welt

Hans G. Isenberg · Dirk Maxeiner

Die schnellsten Autos der Welt

Falken-Verlag · Niedernhausen/Taunus

ISBN 3 8068 4201 9

Fotos: Hans-Georg Isenberg
Satz: LibriSatz, Kriftel
Lithographie und Druck: Interlitho, Mailand

Inhalt

Vorwort

Das Ausklingen der Motorsportsaison und der Beginn der „Lesesaison" fallen stets in die gleiche Zeit. Kein Wunder also, daß die interessierten Leser dann mit einer entsprechenden Flut von Fachpublikationen bombardiert werden. Mehr als der aktuelle Bezug wird dabei jedoch selten berücksichtigt. Von der Formel 1 ist die Rede, die Rallyeweltmeisterschaft wird gewürdigt, die Markenweltmeisterschaft beschrieben. Eben jene Motorsportszenerie, die ohnehin das ganze Jahr über ihren Niederschlag in den Massenmedien findet.

Niemand verrät dem Leser, daß in Amerika die faszinierensten Beschleunigungsrennen der Welt stattfinden, daß der Salzsee jährlich Ort neuer Rekordversuche ist. Niemand will so recht wahr haben, daß Oldtimerrennen oft spektakulärer sind als die ihrer modernen Konkurrenz. Keiner glaubt, daß die schnellsten Autos aller Zeiten oft abseits der großen Publikumsmassen starten.

Diese Informationslücke wollen wir füllen: Nicht nach ihrem Bekanntheitsgrad wurden Autos und Rennen ausgewählt, sondern nach ihrer sportlichen Qualität.

Monopostorennwagen

Bugatti: Das himmelblaue Wunder

Wer kennt den Namen nicht? Bugatti – das ist ein Mythos ohnegleichen in der Geschichte des Automobils. Bugatti – seine Anhänger sehen durchaus eine geistige Verwandtschaft zwischen dem genialen Autokonstrukteur und Leonardo da Vinci. Der berühmteste Vertreter dieser Marke, der legendäre Typ 35, gewann zwischen den beiden Weltkriegen mehr Straßenrennen als jedes andere Werk. Die Haupterfolge in den Grand-Prix-Rennen hatten die blauen Renner Ende der zwanziger und Anfang der dreißiger Jahre.

Das gezeigte Exemplar stand 1924 beim Großen Preis von Frankreich zum erstenmal an der Startlinie. Auch heute noch nimmt es mit großem Erfolg an sogenannten Veteranenrennen teil. Vor dem Start gilt es zunächst, den Achtzylindermotor per Andrehkurbel ins Leben zu ru-

Der Bugatti Typ 35 von 1924 weist zahlreiche technische Finessen auf: verstellbare Zündung und Stoßdämpfer, Leichtmetallkarosserie, Viertelelliptik-Federung. Die beiden Starrachsen und die schmalen Reifen verhelfen ihm allerdings zu einer nach heutigen Vorstellungen eher bescheidenen Straßenlage.

fen. Mit einer mächtigen Qualmwolke und ungeheurem Getöse melden sich dann die Zylinder zu Wort. Das hört sich dann an wie eine Mischung zwischen einem Formel 1 und einem Traktor. Oder wenn Ihnen das nichts sagt: etwa so laut wie ein Preßlufthammer und so durchdringend wie eine Polizeisirene. Für einen 53jährigen keine schlechte Leistung.

Der Bugattineuling, jene bedauernswerte Kreatur, die von diesem Auto also im Grunde keine Ahnung hat, verrät sich übrigens gleich beim Einstieg: Statt von links über den Beifahrerstuhl, versucht der Unwissende den Rechtslenker in der Regel von rechts zu entern. Das funktioniert aber nicht, da ständig irgendetwas im Wege steht. Am hartnäckigsten versperrt das riesige Vierspeichenlenkrad den Weg. Von der anderen Seite rutscht man hingegen fast elegant in die Fahrerposition. Gas, Bremse und Kupplung verteilen sich auf einer Breite von höchstens 15 Zentimetern: Bei seinen Werksfahrern hat Ettore Bugatti wohl immer zuerst die Füße vermessen – alles ab Schuhgröße 42 durfte sich nach einer anderen Marke umsehen.

Die Gänge sollten stets mit einer gehörigen Portion Feingefühl eingelegt werden. Andernfalls quittiert das unsynchronisierte Getriebe Schaltversuche mit deftigen Geräuschen. Auch die Kupplung erweist sich als harter Gegner: Lockert man das Pedal, treffen die beiden Stahlscheiben so abrupt aufeinander, daß sich der Typ 35 mit einem gehörigen Satz voranbewegt.

Beim Beschleunigen kommen auch moderne Zeitgenossen aus dem Staunen nicht mehr heraus: Willig und spontan dreht der Achtzylinder bis zur 7000-U/min.-Marke hoch. Dieses für damalige Zeiten höchst seltene Kunststück ermöglicht eine obenliegende Nockenwelle, die jeweils zwei Einlaß- und ein Auslaßventil in Bewegung setzt. Solcherart kommen dann 90 PS zustande, die immerhin bereits anfallen, wenn sich die Kurbelwelle 5000 mal in der Minute dreht. Dabei halte man sich stets vor Augen: Der Bugattimotor hat einen Hubraum von nur zwei Litern.

Er beschleunigt das leichte Wägelchen auch heute noch ziemlich vehement und macht erst bei einer Höchstgeschwindigkeit von 170 km/h halt.

Da damals meist mit Beifahrer gerannt wurde, ersetzte der Kopilot die Benzinpumpe. Mit einem Handschieber am Armaturenbrett preßte er so lange Luft in den Tank, bis das Benzin vorne durch den Überdruck in Strömen floß.

Der Acht-Zylinder-Reihenmotor gilt nicht nur als technische, sondern auch als architektonische Meisterleistung. Mit einer Literleistung von 45 PS kann er es sogar noch mit modernen Serienmotoren aufnehmen.

7

Die silbernen Rivalen

Der Grand-Prix-Sport erhielt im Jahre 1934 entscheidende neue Impulse: Eine neue Rennformel wurde geschaffen. Sie besagte, daß das Gewicht des Autos nicht mehr als 750 kg betragen durfte. Der Grund: Die Verantwortlichen waren der Ansicht, die Autos seien zu schnell geworden. Durch das Gewichtslimit wollte man indirekt die Verwendung riesiger Motoren verhindern. Mehr als 2,5 Liter Hubraum, so lautete die allgemeine Ansicht, seien bei 750 kg Gesamtgewicht nicht realisierbar. Man hatte sich gründlich getäuscht. Die Auto Union beispielsweise trat mit einem 16-Zylinder-Triebwerk an, dem in seiner letzten Ausführung ein Hubraum von sechs Litern zur Verfügung stand. Die Techniker hatten es ganz einfach geschafft, diesen Mammutmotor 245 kg leicht zu bauen.

Der Mercedes-Grand-Prix-Rennwagen von 1936. Nach zweijähriger Reifezeit war er bereits bei einer Leistung von 494 PS angelangt. Damit war der Silberpfeil äußerst schwierig zu beherrschen: Die schmalen, empfindlichen Reifen und die beiden Schwingachsen waren kaum dazu angetan, so viel Leistung auf den Boden zu bringen.

Trotz der damaligen wirtschaftlichen Krise beschloß außer Auto Union auch Daimler Benz, auf die Rennpisten zurückzukehren. Nicht zuletzt aufgrund staatlicher Subventionen: Die Regierung hatte 480 000 Mark für den erfolgreichsten deutschen Rennwagen ausgesetzt.

Die Auto Union, ein Unternehmen, das aus der Fusion von Audi, DKW, Wanderer und Horch entstand, hatte keine Renntradition. Man griff auf eine Konstruktion zurück, die bei dem inzwischen berühmten Professor Porsche schon fertig in der Schublade lag. Den Motor hatte Porsche bereits wie bei allen modernen Rennwagen in die Mitte, also vor die Hinterachse, verlegt. Das Sechzehn-Zylinder-Triebwerk brachte es bei einem Hubraum von zunächst 4,3 Litern auf 295 PS. Das reichte für 275 km/h, mit einer Spezialverkleidung erzielte man sogar 320 km/h. Alfred Neubauer, damals Rennleiter der konkurrierenden Mercedes, berichtet: »Am 6. März 1934 rast über die Avus ein silbern glänzender Wagen. Er dreht Runde auf Runde in einem Tempo, das selbst die Berliner aus der Fassung bringt. Endlich hält der Wagen. Stuck klettert lachend aus dem Sitz. Die Monteure heben ihn auf die Schultern. Dr. Porsche umarmt ihn freudestrahlend: ›Großartig, Stuck! Wir haben es geschafft! Dreimal Weltrekord.‹ Ich gönne der Auto Union den Erfolg. Aber es schmerzt mich doch, daß meine Mercedes es diesmal nicht geschafft haben . . .«

Die Antwort aus Stuttgart hatte es ebenfalls in sich. Zwar setzten die Schwaben auf ein konventionelles Auto, also mit vorne liegendem Motor. Dafür standen ihnen mehr PS zur Verfügung. Ihr Vier-Liter-Triebwerk leistete stolze 430 Pferdestärken. Dies, weil die schwäbischen Techniker mit mehr »Ladedruck« operierten. Das heißt, der Mercedes-Kompressor blies noch mehr Luft in die Brennkammern als das Auto-Union-Gebläse. Dadurch war man gezwungen, mit einem Zauberkraftstoff anzutreten: Esso entwikkelte ein Spezialgebräu, das nach folgendem Rezept entstand: Man nehme 86 % Methylalkohol, gebe 8,8 % Azeton und 4,4 % Nitrobenzol hinzu und würze das Ganze mit 0,8 % Schwefeläther. Eine wahrhaft explosive Mischung, die niemandem verborgen bleiben konnte: Ein Mercedes war noch zu riechen, nachdem er längst am Horizont verschwunden war.

Über Mangel an Erfolg brauchte sich weder Daimler Benz noch Auto Union zu beklagen. Nach einer gewissen Anlaufphase (1934 gewann Mercedes zwei, Auto Union drei Rennen) wurden die Silberpfeile bald unschlagbar.

Ein Ferrari Grand-Prix-Modell der Nachkriegsära. Damals war es noch üblich, die Rennwagen in der Nationalfarbe zu lackieren: Italiener fuhren grundsätzlich in roten Wagen, Briten (oben) in grünen. Anschnallgurte waren noch nicht üblich, die Fahrerhaltung hingegen schon modern: Man saß mit nur noch leicht angewinkelten Armen hinter dem Steuer.

Ein Hauch von Wehmut überkommt den Betrachter beim Anblick dieses Oldtimer-Cockpits: Die Instrumente präsentieren sich in solidem Messing, gezündet wurde nicht per Schlüssel, sondern mit Anlasserknopf und Zündungsschalter.

Amerikanische Sprint-Cars

Gladiatoren mit 530 PS

Als sei die Zeit stehen geblieben: Amerikanische Sprint-Cars sehen heute noch aus wie Vorkriegsrennwagen. Es hat sich auch wirklich nicht viel geändert: Nach wie vor ist der Motor im Bug eingebaut, nach wie vor sitzt der Fahrer aufrecht hinter dem großen Lenkrad, nach wie vor hängen die vier Räder an zwei Starrachsen. Der Fortschritt steckt eher im Detail: Die breiten Slick-Reifen wurden von den Grand-Prix-Rennwagen übernommen, die Scheibenbremsen ebenfalls. Die großvolumigen V8-Motoren stammen aus Serienlimousinen und funktionieren mit einer Benzineinspritzung.
Ein Anachronismus erster Güte – so etwas gibt es eben nur in Amerika. Warum? Nun ja – das Publikum liebt diese Sprinter über alles. Für ein paar Dollar strömen Tausende in die Arena. Sie wollen Spiele: Überschläge, Dreher und Drifts. Ihr Geld haben Sie noch nie zurückverlangt – wenn die PS-Gladiatoren das Rennoval im 20-Sekunden-Rhythmus durchröhren, stehen die Zuschauer auf den Rängen. Sind die zwanzig Monoposti pro Lauf erst einmal losgelassen, bieten sie eine 200-km/h-Balgerei, neben der sich ein Formel-1-Rennen wie eine Kaffeefahrt ausnimmt. Dies ist auch der Grund, warum die »Sprints« so stabil konstruiert sind. Überrollbügel und Rammstangen schützen vor Gegner und Überschlägen.
Wie sich so ein Muskelprotz fährt? Hier ein paar Eindrücke des Autors: »Ich stülpe den Helm über, lasse mich anschnallen und studiere Instrumente und Schalter. Große Denkprozesse sind dafür nicht notwendig: Sprint-Cars besitzen keinen Anlasser, keine Kupplung, kein Getriebe – sie sind Go-Karts mit 530 PS.
Es wird ernst. Der große Chevy-Caravan, dessen vordere Stoßstange durch eine massive Holzbohle ersetzt wurde, rollt an meinen Heckbügel. Ich trete das Bremspedal voll durch. Der Lastwagen beginnt mit aller Kraft zu schieben, die breiten hinteren Slick-Walzen meines ›Sprint‹ schliddern haltlos über den Asphalt. Ich lockere den Bremsdruck und schalte die Benzinpumpe ein. Die Räder greifen, und der Motor dreht sofort rund. Acht Einspritzdüsen produzieren in den Brennräumen ein kräftiges Gemisch, das nur auf eins wartet: Zündung. Der Lastwagen, der noch immer schiebt, hupt und macht mich darauf aufmerksam, daß es nun tatsächlich Zeit sei, den Zündungshebel am Armaturenbrett umzulegen.

Relikt aus alten Zeiten: Amerikanische Sprint-Cars, beliebt bei Zuschauern und Nachwuchs-Rennfahrern, haben sich in den letzten zwanzig Jahren kaum verändert. Sie werden sowohl auf ovalen Asphaltbahnen als auch auf rutschigen Sandpisten eingesetzt.

›Wenn du die Zündung einschaltest‹, hatte man mich gewarnt, ›sei vorsichtig mit dem Gaspedal, trete es höchstens ein Viertel durch.‹ Nur an ein Ohr drang die Warnung. Das hat jetzt peinliche Folgen: Als ich den silbernen Kipphebel auf ›On‹ stelle, ruht mein Fuß gelassen auf dem Gaspedal – durchgetreten bis zum Anschlag. Mit einem lauten Knall geht ein halbes tausend Pferdestärken mit mir durch, läßt sich nicht mehr zügeln, katapultiert die lächerlichen 700 Kilo Gewicht unaufhaltsam nach vorne. In Sekundenbruchteilen steht Nummer 17 quer, dann in die verkehrte Richtung, beginnt sich zu drehen und kreiselt schließlich aus – Gottseidank im Innenfeld.

Beim zweitenmal gelingt es schließlich: ›Nr 17‹ fährt und fährt in die richtige Richtung. Der Schock weicht allmählich aus den Gliedern, ich trete das Gaspedal voll durch – nur um erneut zusammenzuschrecken. In Sekunden springt der Drehzahlmesser von 3000 U/min auf 7000 U/min, und ich schieße mit fast 200 km/h auf die Gegenkurve zu. Der bullige Achtzylinder ist so kräftig, daß er bis zur 200-km/h-Marke glatt einem 590 PS starken Porsche-Renn-Turbo davonfährt. Er benötigt dafür nicht einmal sieben Sekunden und weniger als 400 Meter. Obwohl das 800-Meter-Oval bis zu zehn Meter breit ist, wird mir die Fahrbahn zu eng. Und die Gerade zu kurz: Ein beherzter Gasstoß am Kurvenausgang, und schon verlangt die solide Betonwand der gegenüberliegenden Seite nach der Bremse. Die vier Scheibenbremsen wollen es dabei wissen: Ich muß das Pedal herunterstemmen, als gelte es einen Lastwagen ohne Servo zu verzögern. Ein Schalter am Armaturenbrett regelt, mit welchen Scheiben gearbeitet wird: Auf Asphalt bremsen alle vier, auf der Sandbahn treten nur die hinteren in Aktion.

Jetzt mit Mut in die überhöhte Kurve. Gelobt sei, was den amerikanischen Rennsportnachwuchs so hart macht: Auch die Lenkung tut's nicht ohne Gewalt. Die superdirekte Übersetzung, die überbreiten Gummiwalzen und der schwere Frontmotor verlangen ihren Tribut. Passend zum antiken Vierspeichenlenkrad das Fahrwerk: Zwei Starrachsen mit Drehstabfederung halten mich auf der Straße. Völlig unbeeindruckt rollt ›Nr 17‹ trotz vermeintlich forcierter Gangart durch die Nordkurve.

Noch Tage später erinnert mich ein kräftiger Muskelkater an die Sprint-Tour. Oben auf dem rechten Fuß befindet sich gar ein blauer Fleck. Er stammt vom Rückholbügel, der über dem Gaspedal angebracht ist. Falls es einmal hängen bleibt...«

Denkbar einfach ist der Arbeitsplatz des Sprint-Car-Piloten gehalten: Anzeigen für Öldruck und Temperatur, ein Drehzahlmesser und das gewaltige Vierspeichenlenkrad prägen das Bild. Weniger einfach ist der Einstieg. Große Zeitgenossen müssen sich mit Gewalt ins Cockpit zwängen. Dort angelangt, werden sie mit einem 6-Punkt-Gurt festgezurrt.

Da Sprint-Cars nur 700 kg wiegen und über 530 PS verfügen, muß jede einzelne Pferdestärke nur 1,3 Kilo vorantreiben. Damit sind die simplen Renner genausogut motorisiert wie ein modernes Formel-1-Auto. Ein Sprint-Car kostet aber nur 25 000 Mark.

Indianapolis

In drei Stunden Millionär

Aus der Luft betrachtet hat jede große Stadt ein unverwechselbares Kennzeichen: Paris die Champs-Élysées, Rom den Vatikan oder San Francisco die Golden Gate Bridge. Wer sich im Anflug auf Indianapolis befindet, bemerkt hingegen sogleich ein riesiges Oval, das seit nunmehr 69 Jahren das Luftbild der Industriestadt prägt.

Damals, im Jahre 1908, wurde der 4,02-Kilometer-Kurs als Teststrecke für die örtliche Autoindustrie erbaut. Wegen der schlechten Fahrbahn gab es jedoch zahlreiche Unfälle mit tödlichem Ausgang. Aus diesem Grund pflasterte man das gesamte überhöhte Oval 1910 mit dreieinhalb Millionen roten Ziegelsteinen.
1911 das erste große Rennen über 500 Meilen: 40 Autos standen am Start, 80 000 Zuschauer feierten den ersten Indy-Sieger. Ray Harroun gab mit seinem Sechszylinder »Marmon Wasp« allen anderen das Nachsehen. Dabei erzielte er mit seinem 8-Liter-Auto einen Schnitt von 120 km/h.

Über 300000 Zuschauer versammeln sich alljährlich in der Arena von Indianapolis.

Im folgenden Jahr neue Rekorde: Ein Opelfahrer, der nach fünf Runden ausschied, erhielt das kleinste jemals gezahlte Preisgeld: 9 Dollar und 61 Cent. Zum Vergleich: Verendet heute ein Rennwagen noch vor der Startlinie, so darf der Fahrer dennoch ein »Schmerzensgeld« von 3000 Dollar kassieren. Das Gesamt-Preisgeld liegt bei 3 Millionen Mark.

Noch eine Episode: Im gleichen Rennen waren nur noch zehn Autos übrig. Der Letzte, Ralph Mulford, erkundigte sich daraufhin, ob er jetzt aufhören dürfe und das Geld für den zehnten Platz bekomme. Der Rennleiter wutentbrannt: »Das ist ein

Technischer Defekt und „Aus“ für nummer 89. Auf der Anzeigetafel im Hintergrund wird der Pechvogel gestrichen. Da Positionswechsel in Indianapolis besonders häufig vorkommen, ist der Zahlenturm für die Zuschauer überaus wichtig: Nur anhand der Leuchtziffern läßt sich die Übersicht bewahren.

PHOTOGRAPHER
OFFICIAL
1972
SPEEDWAY
GOODYEAR
GOODYEAR
2

GOODYEAR
VALVOLINE
Ashland
GOODYEAR
VALVOLINE
GOODYEAR

500-Meilen-Rennen, und wenn Sie nicht zu Ende fahren, gibts überhaupt nichts.« Mulford lief daraufhin die Boxe an, ließ sich aus einem nahegelegenen Restaurant ein Hähnchen bringen und nahm das Rennen kurz vor Schluß in aller Ruhe wieder auf. Im nächsten Jahr wurden dann die Regeln geändert ...

Der Gewinner von 1913, der Franzose Jules Goux auf einem Vierzylinder Peugeot, gewann nicht nur dank seines modernen Motors, sondern auch aufgrund einer überaus beherzten Fahrweise. Fünf Flaschen Champagner, gleichmäßig über die 200 Runden verteilt, hielten ihn in Stimmung.

Seitdem haben sich die meisten europäischen Spitzenfahrer in Indianapolis, dessen Kurs links herum gefahren wird, versucht – aber nur selten mit Erfolg. Christian Lautenschlager, Rudolf Caracciola, Alberto Ascari, Fangio und später Jim Clark, Jackie Stewart, Dennis Hulme und Graham Hill. Letzterer gewann 1966 das Rennen, Jim Clark hatte es ein Jahr zuvor gewonnen. Seit 1911 gewannen bisher erst fünfmal Europäer.

Auch Jack Brabham machte Indy-Geschichte: 1960 erschien er mit einem normalen Cooper Formel-1-Rennwagen zu Reifentestfahrten. Obwohl er nur einen Hubraum von 2,5 Litern gegenüber den damals üblichen 4,2 Litern zur Verfügung hatte, war er fast genauso schnell wie der damalige Rekordhalter. Rasch wurden die Zeichen der Zeit erkannt: Die schweren Frontmotorrennwagen verschwanden allmählich von der Bildfläche und wurden von den filigraneren Mittelmotorkonstruktionen ersetzt.

Auf der Motorenseite gab es ebenfalls Grundsatzdiskussionen: Die einen schworen und schwören noch heute auf den betagten Offenhausermotor. Er hat

19

Vorige Doppelseite:
A. J. Foyts Indy-Renner. Foyt gewann das hochdotierte Rennen viermal und wählte damit einen der schnellsten Wege zum Millionär. Sein Monoposto wird von einem Acht-Zylinder-Ford-Motor angetrieben. Der Abgasturbolader im Heck ist deutlich zu erkennen und verhilft dem V-Triebwerk zu 800 PS. (Bild rechts)

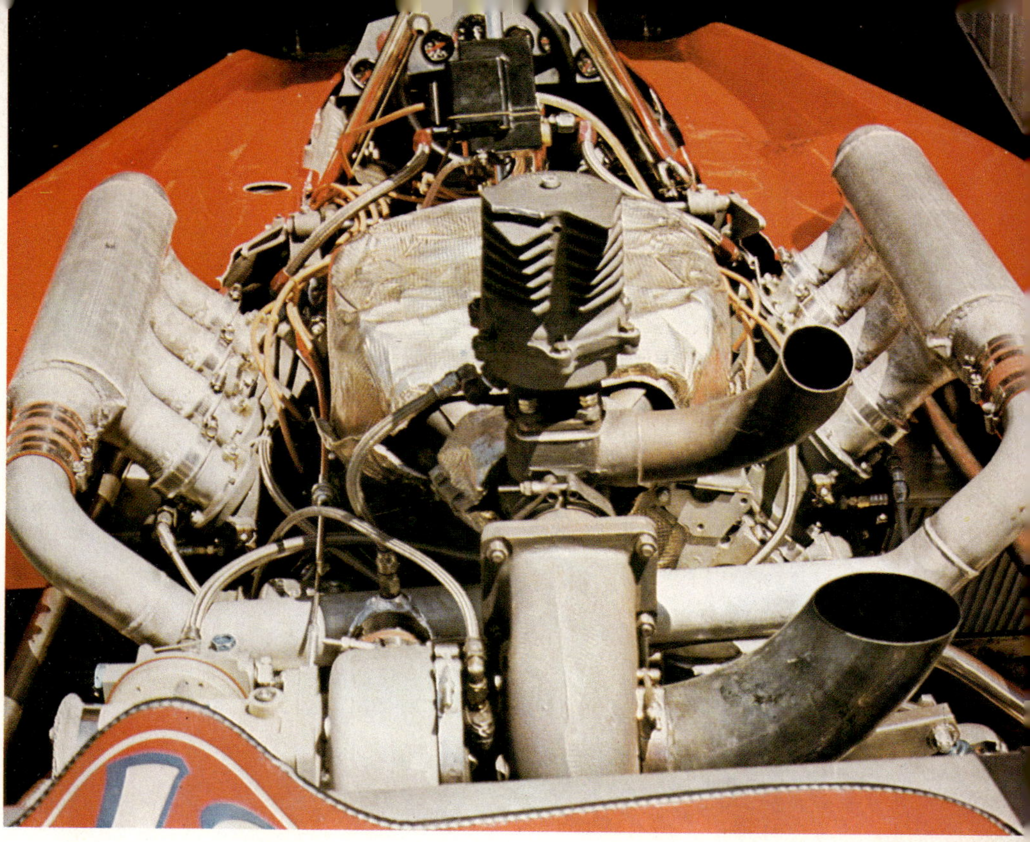

Startaufstellung in Indianapolis

nur vier Zylinder, aber zwei obenliegende Nockenwellen und vier Ventile pro Zylinder. Sein Hubraum liegt bei 2650 ccm, dank eines Abgasturboladers gewinnt man daraus rund 800 standfeste Pferdestärken.
Die andere Partei setzte auf die Gasturbine: 1967 und 1968 erschienen mehrere Turbinenautos am Start und bewiesen ihre Überlegenheit mit Bestzeiten. Einziges Manko: der hohe Benzindurst. Wegen kleiner Defekte schieden die revolutionären Konstruktionen jedoch – meist in Führung liegend – aus. Dennoch hatte man der Konkurrenz einen solchen Schrecken eingejagt, daß man die Turbinenautos durch ein abgeändertes Reglement quasi aufs Abstellgleis schob. Hier noch ein paar Daten: Vierradantrieb, Pratt-und-Whitney-Turbine mit 600 PS, Luftbremse und vier Scheibenbremsen.
Parnelli Jones, damals Fahrer der »STP-Turbine«, macht auch 1977 wieder von sich reden: Er verzichtet auf den zuverlässigen Offenhausermotor und modifiziert den Cosworth-V8, der in fast allen Formel-1-Rennern installiert ist, für Indianapolis. Wichtigste Änderungen: weniger Hubraum (2,6 gegenüber 3 Litern), ein Turbolader und eine Hillborn-Benzin-Einspritzung.
Welche Entwicklung werden die Indy-Autos in der weiteren Zukunft durchmachen? Parnelli Jones: »Alles wird kleiner und leichter – im Prinzip genau wie bei unseren Straßenautos. Sehr bald wird kein großer Unterschied mehr zwischen Formel 1 und Indianapolis-Autos bestehen.«

Boxenstopp in Indy. Wegen der großen Distanz müssen während des Rennens Pausen zum Tanken und zum Reifenwechsel eingelegt werden. Eingespielte Boxenmannschaften inszenieren ein Sekundenspektakel, das die Zuschauer von den Bänken reißt.

Freddie Agabashian, der 1952 mit einem Dieselrennwagen an den Start ging. Er war der erste, der einen Turbolader in einen modernen Rennwagen installierte. Zur Belohnung dafür erreichte er die beste Qualifikationszeit. Später fiel er allerdings in der 71. Runde aus.

Jim Clark, der 1965 das 500-Meilen-Rennen als einer der wenigen Europäer gewann. Sein Lotus wurde von einem Ford V8 ohne Turbolader angetrieben. Seine Durchschnittsgeschwindigkeit lag bei 240 km/h. 1963 wurde Clark bereits einmal Zweiter und blieb nur 30 Sekunden hinter dem Sieger Parnelli Jones zurück.

Ein Stück Indy-Geschichte: 1967 und 1968 machten die Gasturbinenautos, die von der Ölfirma »STP« unterstützt wurden, Furore. Gebaut wurden die Geschosse von der in der Formel 1 berühmten Firma Lotus. In Indianapolis wurde es übrigens zuerst Mode, ein Auto nach dem Sponsor und nicht nach dem Erbauer zu benennen.

Parnelli Jones (Mitte), sein Fahrer Al Unser und sein Konstrukteur Maurice Phillipe hatten mit dieser Konstruktion kein Glück. Der »Viceroy« hatte seitliche Stummelflügel, in die Öl- und Wasserkühler eingelassen waren. Baujahr: 1971.

1976: Die erste Frau, die sich jemals in Indianapolis versucht hat. Jannet Guthrie, von Beruf Ingenieur, konnte sich freilich nicht für das eigentliche Rennen qualifizieren. Sie kämpfte mit technischen Problemen an ihrem Offenhauser-Motor. Übrigens: Vor ein paar Jahren waren Frauen in den Indianapolis-Boxen noch verboten! Nicht einmal die Angetraute eines Rennfahrers durfte sich dort sehen lassen.

Das modernste Auto: Das ist die 1977er Konstruktion von Parnelli Jones, Favorit Nummer 1 in Indianapolis. Der Motor stammt aus der Formel 1. Ein Abgasturbolader verhilft ihm zu mehr Leistung: Die Trompete am Heck erweist sich bei näherer Betrachtung als der Ansaugstutzen.

Der abgenommene Zylinderkopf des erfolgreichen Offenhauser-Motors. Gut zu erkennen: vier Zylinder und vier Ventile pro Brennraum.

▷

Gerade werden Nockenwellen und Ventile installiert. Dabei ist äußerste Präzision vonnöten: hier ein Millimeter Spiel zuviel, dort eine ermüdete Feder – das kann im Rennen eine Million Mark bedeuten.

Das Chassis wird aus Blechen zusammengenietet. Diese Bauweise nennt sich »Monocoque« und ist gegen Verwindungen besonders unempfindlich.

WD-4

Porsche 917

Der weiße Riese

Kein Automobilwerk auf dieser Welt hat in den letzten zwanzig Jahren die Entwicklung des Sportwagens so beeinflußt wie die Firma Porsche. Seinen bisher größten Coup leistete sich das Zuffenhausener Werk 1969, als man mit dem Porsche 917 den damals schnellsten und stärksten Sportwagen der Welt präsentierte. 25 identische Exemplare mußten gebaut werden, um die Zulassung zu den Rennen der Markenweltmeisterschaft zu bekommen.

Der 917 basierte auf einem ausgeklügelten Gitterrohrrahmen, der von einer Karosserie aus glasfaserverstärktem Kunststoff überzogen wurde. Der 4,5-Liter-Motor hatte anfangs 580 PS. Solcherart verhalf der Zwölfzylinder dem nur 800 Kilo schweren Boliden zu überragenden Fahrleistungen. Bis 1971 gewann Porsche dann auch prompt alle nur greifbaren Titel. Ab 1971 durfte man mit den inzwischen zahlreichen 917-Versionen nicht mehr in der Markenweltmeisterschaft starten, da der internationale Automobilsportverband Autos über drei Liter per Reglement ausschloß.

Das war 1969 eine Sensation: Das Porsche-Werk reihte vor seiner Pforte 25 nagelneue Sportwagen vom Typ 917 auf. Der »weiße Riese«, wie er damals genannt wurde, geizte nicht mit Superlativen und dominierte alsbald bei der Markenweltmeisterschaft.

Die Langheckversion – hier in den endgültigen Rennfarben – imponierte durch eine ausgeklügelte Aerodynamik. Unter dem Heckfenster sind die zwölf Ansaugstutzen erkennbar. Die Heckflügel konnten während der Fahrt verstellt werden, wurden aber später vom Reglement verboten. Für kurze und kurvige Rennstrecken konnte das windschlüpfrige Heck gegen eine leichtere Haube ausgetauscht werden.

▷

1
Gulf

Die Schwaben suchten sich daraufhin ein anderes Betätigungsfeld: Die amerikanische CanAm, eine der dollarträchtigsten Rennserien der damaligen Zeit. Mit einem Turbolader brachte man den Motor auf bis zu 1150 PS. Damit verfügte das kleine Werk über den stärksten Rennwagen, der jemals auf einer geschlossenen Rennstrecke (Rundkurs) an den Start ging. »Wotans Hammer«, wie die Amerikaner das Geschoß aus Europa getauft hatten, war damit über 300 km/h schnell und gewann natürlich auch die CanAm-Serie. Sein Hubraum war auf 5,3 Liter vergrößert worden, dennoch erreichte er eine astronomische Literleistung von über 204 PS. Das Leistungsgewicht des offenen Spiders betrug nur 0,259 Kilo pro PS.

Ein italienischer Graf gewann an dem 917 Coupé übrigens solchen Gefallen, daß er sich ein ausgedientes Rennauto zum Straßenfahrzeug umfunktionieren ließ. Freilich wollte niemand das schnellste Straßenauto der Welt zulassen. Schließlich fand der geplagte Adelige doch noch eine gnädige Straßenbehörde: Sein silberner 917 trägt ein Kennzeichen aus Alabama/USA.

Noch eine Episode: 1971 startete Porsche mit einem 917, der durch rosarote Farbe und entsprechende Aufschriften deutlich als Schwein gekennzeichnet war. Der Gag fand freilich viele Kritiker. Porsche: »Gottseidank hat das Auto nicht gewonnen«.

Der Zwölfzylindermotor schöpfte anfänglich aus einem Hubraum von 4494 ccm eine Leistung von 580 PS. Die Drehzahl lag dabei bei 8400 Umdrehungen pro Minute. Die Zylinder lagen in einem Winkel von 180 Grad zueinander, insgesamt vier obenliegende Nockenwellen sorgten für die Ventilbetätigung. Das Motorgewicht: 260 kg.

Aus der Vogelperspektive: Das Kleid des 917 K, der 1970 überlegen die Markenweltmeisterschaft gewann. Die Lenkung ist auf der rechten Seite installiert, da die meisten Rennkurse im Uhrzeigersinn umfahren werden.

▷

PORSCHE AUDI

Stark modifiziert präsentierte sich 1970 der 917 PA für die CanAm-Serie. Die strömungsgünstige Coupé-Karosse wurde gegen ein Spider-Kleid ausgetauscht, das nur ein Ziel hatte: mehr Anpreßdruck. Anders waren die mittlerweile 630 PS des Porsche nicht mehr auf die Straße zu zwingen.

▽

Das ist er: Der stärkste Sportwagen, der jemals einen geschlossenen Rundkurs befuhr. Je nach Ladedruck der beiden Turbolader konnte der 917/30 auf bis zu 1150 PS zurückgreifen. 100 km/h waren damit nach rund drei Sekunden erreicht, und 300 km/h standen nach zwölf Sekunden an. Die Piloten hatten dabei hohe »G-Kräfte« zu ertragen: Beim Beschleunigen oder Bremsen wurde ihr Körper mit einem Vielfachen seines Gewichts in den Sitz oder in den Gurt gepreßt.

▷

Der 917-10 T wurde erstmals mit einem Turbolader ausgerüstet und brachte es 1972 bei einem Hubraum von 4,5 Litern auf 850 PS. Die gewaltige Heckflosse preßt die Antriebsräder auch bei hoher Geschwindigkeit auf den Boden. Neben dem ungeheuren Beschleunigungsvermögen beeindruckten vor allem auch die Bremsleistungen: Der 917 unterschritt beim Bremsen die negative Erdbeschleunigung – nach den Gesetzen der Physik ist das überhaupt nicht möglich. Erreicht wurde das durch einen Verzahnungseffekt zwischen Reifen und Straße.

▷

GOODYEAR
SUNOCO
6
PORSCHE
AUDI
SUNOCO
PORSCHE
AUDI

F
PORSCHE
COLT
COLT
Firestone
COLT
COLT

Ein Blick unter die Kunststoffkarosserie: Das Chassis des 917 besteht aus einem verzweigten Gitterrohrrahmen, der besonders steif und verwindungsfrei konstruiert wurde. Hier werden gerade die innenbelüfteten Scheibenbremsen montiert. Sie bestehen aus hoch hitzefestem Metall und werden von jeweils vier Bremskolben in die Zange genommen. Rechts und links des Fahrers sind die Tanks untergebracht, die bis zu 400 Liter Treibstoff fassen.

Ein Höhepunkt der Marken-Weltmeisterschaft: Ferrari hat mit dem Zwölf-Zylinder-Rennwagen vom Typ 512 zum Angriff geblasen und liefert dem „weißen Riesen" spannende Gefechte. Dennoch behielt das deutsche Auto meist die Oberhand.

▷

Gulf
2
8
SCUDERIA FILIPINETTI

Dragsterrennen

Inferno auf der Viertelmeile

Es ist der lauteste, schnellste und farbigste Sport weit und breit. Wenn man seinen Anhängern glauben darf, ist es der einzige Sport. Wenn man seine Gegner fragt, ist es überhaupt kein Sport: Nichts als eine amerikanische Verirrung, das gleiche wie der Twist oder der Hula-Hopp.

Man nennt ihn »Drag racing«. Auf den ersten Blick erscheint der Dragstersport in der Tat nicht allzu originell: Zwei Autos liefern sich nebeneinander aus dem Stand ein Beschleunigungsduell, um zu sehen, wer nach 400 Metern die Nase vorn hat. Aber was ist daran besonderes? Kann man ähnliches nicht jeden Tag an irgendeiner Verkehrsampel verfolgen? Sicherlich – nur dürften die Akteure im Straßenverkehr nicht nach fünf Sekunden 400 km/h schnell sein ...

Irwinndale, Kalifornien, Sonntag der 19. Juni 1977. Über dem »Dragstrip« steht die Sonne. »Ready to start«! Don Schumachers Mechaniker Bill Evans schaltet die beiden Benzinpumpen an dessen »Funny«-Dragster ein, setzt den Startermotor an, ein kurzes Rattern und Poltern, dann bellen 2000 Pferdestärken los. Es ist die

Kein Mondmensch: Die permanente Brand- und Explosionsgefahr zwingt die Dragsterrennfahrer zu besonderen Vorsichtsmaßnahmen: Eine Art Gasmaske schützt die Lunge vor Flammen und giftigen Methanoldämpfen, eine Spezialbrille bedeckt die Augen; Schuhe, Anzug und Handschuhe bestehen aus feuerfestem Asbest.

▷

»Burn out«: Beim Vorstart heizen die Dragsterpiloten ihre Reifen bis auf 90 Grad an. Zuvor wird eine Flüssigkeit gegossen, die sich mit dem Gummi und dem Asphalt zu einer klebrigen Masse vereinigt und in einer gewaltigen Rauchwolke verpufft. Erst wenn die 50 cm breiten Walzen richtig heiß sind, geht es dann zum richtigen Start.

Hölle: Die Erde bebt, als donnere eine Panzerkompanie über die asphaltierte 400-Meter-Gerade. Der Lärm wird infernalisch, überschreitet die Schmerzgrenze: 40 000 begeisterte Zuschauer halten sich die Ohren zu und stehen auf den Rängen. Gebannt starren sie auf das rüttelnde PS-Ungetüm, das vor lauter Kraft kaum laufen kann. Don Schumacher bemerkt davon nichts. Er sieht nur den Vorbereitungen seines Mechanikers zu und zieht die Asbesthandschuhe trotz der 35 Grad Hitze noch höher hinauf. Aus gutem Grund: Zwei Jahre zuvor hatte Don hier die Erfahrung machen dürfen, daß »Drag racing« zu den gefährlichsten Motorsportarten überhaupt zählt. Sein Beschleunigungs-Monster hatte ihn wie eine Saturnrakete in eine Umlaufbahn befördert, die erst im Krankenhaus von Escondito endete. Die Folgen: acht Monate Aufenthalt, verbrannte Hände, Silber im rechten Bein und ein dickes Minus auf dem Bankkonto.

Mechaniker Evans klappt die Karosse herunter. Don ist wieder allein mit sich und seinem bösartig hin und her rüttelnden »Funny«. Evans hebt den rechten Daumen. Schumacher nickt ein o.k. und läßt die Kupplung kommen. Ein Satz nach vorne, der Dodge knickt auf seinen plattfüßigen und einen halben Meter breiten Slickwalzen ein und steht nach zehn Metern wieder – soweit der Vorstart.

Erst jetzt kommt der eigentliche Countdown. Evans schüttet einen Krug mit Wasser über die riesigen Gummiwalzen. Sein Chef erhöht die Drehzahl und läßt schlagartig die Kupplung sausen. Die Reifen drehen zunächst haltlos durch, dann, wenn sich Wasser, Gummi und Asphalt zu einer heißen, klebrigen Masse vereint haben, krallen sich die Hinterläufe in die Fahrbahn. Eine meterhohe weiße Rauchfahne wird nach hinten geschleudert, katapultartig jagt der Dragster nach vorne. Nur für Bruchteile einer Sekunde – nach 50 Metern geht Schumacher wieder vom

Ein »Funny«-Dragster beim Aufheizen seiner Reifen. Die Qualmwolke ist oft meterhoch. »Funny« bedeutet in diesem Zusammenhang »Spaß«. Darunter verstehen die Amerikaner Autos, die aussehen, als ob man mit ihnen zum Einkaufen fahren könnte, aber 400 km/h schnell sind. Der abgebildete Chevrolet Monza wirbt übrigens für die amerikanische Armee und wird dafür vom Militär fürstlich entlohnt.

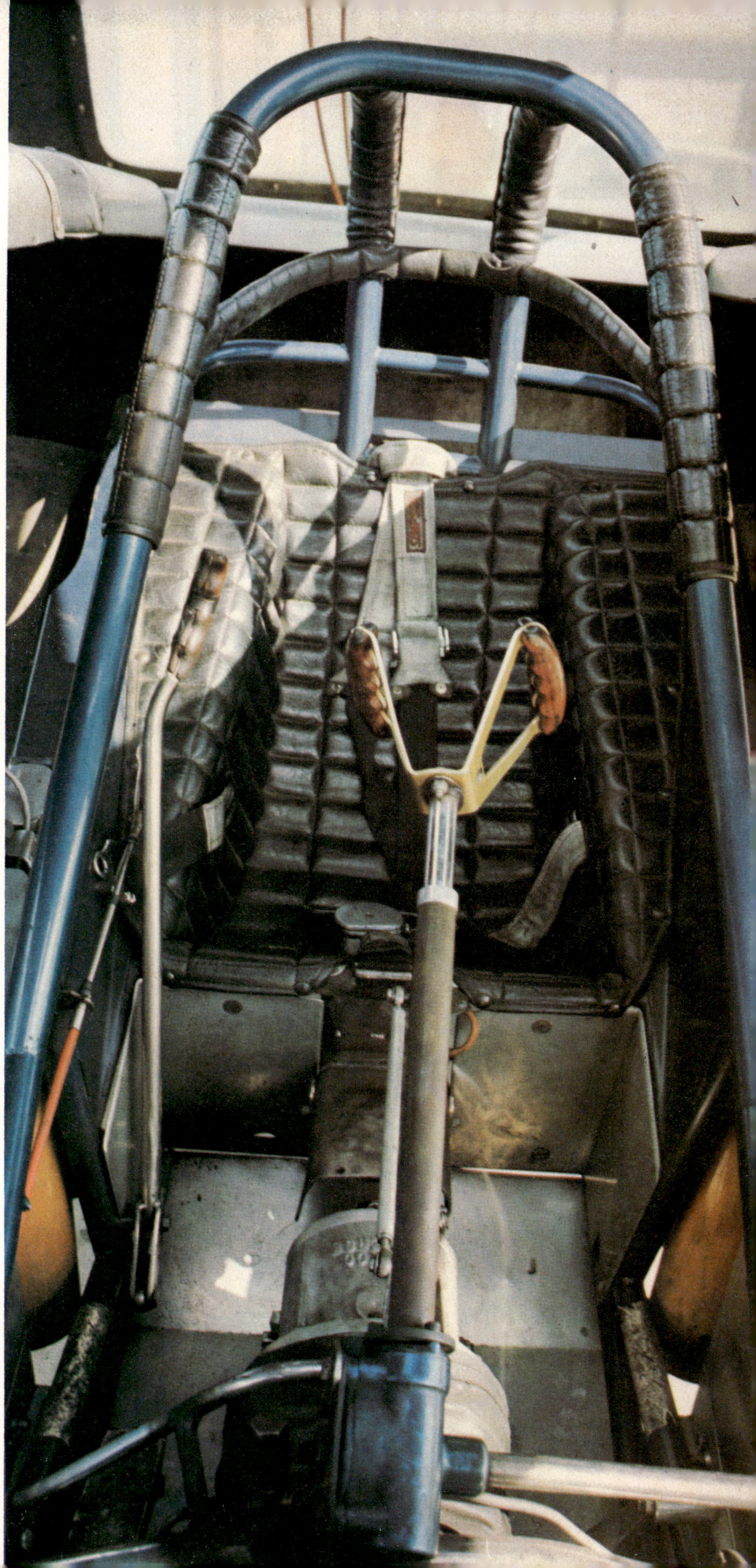

Gas, schlägt den Rückwärtsgang ein und rollt zurück zum Start. Warum? Ganz einfach: Dem eigentlichen Start geht stets dieser sogenannte »Burn out« voraus, damit die Reifen kochen und auf dem Asphalt wie Kleister kleben.

Nun wird es richtig ernst: Schumacher schiebt sich mit den fahrradreifenbreiten Vorderrädern an die Startlinie – vor sich die Startampel, »Christbaum« genannt, neben sich die Konkurrenz, »Dschungel-Jim«, und in Gedanken 60 000 Dollar Preisgeld.

Der Spuk wird weniger als sechs Sekunden dauern. Eine kleine Lenkradkorrektur, bei der man den Gasfuß lüften muß, eine Zehntelsekunde zögern beim Aufblitzen der Startampel, das würde schon den Sieg kosten, würde wochenlange Vorbereitungsarbeiten und zahlreiche Vorlaufsiege zunichte machen.

Der Signalmast blinkt auf, fünfmal gelb, endlich grün: 2000 PS brüllen auf, Kompressoren kreischen, Reifen drehen durch, Feuer lodert aus den Auspuffrohren – das wahnwitzige Spektakel aus Technik, Schau und einer Überdosis Mut raubt einem den letzten Nerv. Wie von einer unsichtbaren Faust getrieben donnern die beiden Dragster davon, brauchen dabei die ganze Breite der Bahn, machen erst bei einer Geschwindigkeit von über 400 km/h Schluß. Dann verstummt das Getöse schlagartig, unheimliche Ruhe kommt auf, zwei Bremsfallschirme verschwinden allmählich am Horizont. »That's Drag racing« – so sind eben nur Dragsterrennen – sagen die Amerikaner und meinen: »Hier wird Dir der intensivste Spuk der Welt geboten«.

Dragstertechnik im Detail: Das Cockpit präsentiert sich eher spartanisch. Außer dem kleinen Lenkerstummel und dem Gaspedal gibt es nur noch einen wichtigen Schalter: Der Zugknopf für den Bremsfallschirm.

Man kann diesen Sport freilich auch ganz nüchtern betrachten: Es ist schlicht und einfach ein Beschleunigungswettbewerb. Jeweils zwei Fahrer treten auf zwei nebeneinander liegenden Bahnen an. Sieger ist derjenige, der nach exakt 402 Metern die Nase vorn hat. Das ganze funktioniert nach dem K.-o.-Prinzip.

Der Tagessieg wird demnach unter den beiden letzten noch verbliebenen Konkurrenten ausgemacht. Da oft bis zu 1200 Akteure antreten, muß also gründlich gesiebt werden. Übrigens: Wer die 402 Meter in der kürzesten Zeit zurücklegt, muß dabei nicht unbedingt auch die höchste Endgeschwindigkeit erzielen.

Dragsterrennen sind übrigens keineswegs neu: Schon kurz nach dem Krieg begann die damals schon gut motorisierte amerikanische Jugend, sich von Ampel zu Ampel zu balgen. Da konnte es dann passieren, daß sich ein 49er Chevy und ein alter Cadillac so in die Haare gerieten, daß sie erst im Friseursalon oder ähnlich unpassenden Örtlichkeiten zum Stillstand kamen. Die Sheriffs waren verzweifelt. Als dann der erste offizielle »Dragstrip« eingeweiht wurde, fiel der Obrigkeit ein Stein vom Herzen.

Konventionell: Dieser Dragster wird »nur« von einem 7-Liter-8-Zylinder-Motor angetrieben. Für die Gemischaufbereitung sorgt eine Einspritzanlage. Der Lärm, den die acht Auspuffstummel verbreiten, überschreitet das für das menschliche Trommelfell verträgliche Maß.

Bis es zu den heutigen Superdragstern kam, war freilich ein langer Weg. Ein »Funny«-Dragster, wie ihn Don Schumacher fährt, wiegt 960 kg, also soviel wie ein Opel Manta. Dafür beschleunigt er mit seinem 8-Zylinder-Kompressormotor mehr als doppelt so schnell auf 250 km/h wie Nicki Laudas Ferrari 12-Zylinder-Formel-1. Nach 402 Metern erreicht er, wie gesagt, bis zu 400 km/h Höchstgeschwindigkeit. Würde die Dragsterstrecke eine ganze Meile lang sein, also 1609 m, wären über 500 km/h durchaus realistisch. Zum Vergleich: Bei einem Formel-1-Rennwagen ist spätestens bei 320 km/h Schluß.

Freilich verfügen die Dragster auch über weitaus mehr Kraft. 2000 PS gelten in besseren Kreisen als Sollwert. Sie werden zumeist aus einem Hubraum von neun Litern erzielt. Mit ziemlich ungehobelter Gewalt: Kompressoren blasen die V8-Triebwerke bis kurz vor dem Zerplatzen auf. Oft auch darüber hinaus: Dann findet sich der Motor jenseits der Leitplanke und die Nockenwelle in einem Kornfeld hinter den Zuschauertribünen. Nitromethan ist eben doch ziemlich explosiv. Manche bevorzugen deshalb auch einen Heckmotor. Don Garlits, berühmter Dragsterprofi: »Es ist vergleichsweise beruhigend, wenn der Motor hinter Dir explodiert.« Andere behaupten das Gegenteil: »Beim Heckmotor merkst Du den Defekt erst, wenn Du die Flammen am Hintern hast.«

Aber auch sonst gibt es Probleme genug: Beim Start ist die Wirkung des Sperrdifferentials nicht vollkommen: Ein Rad dreht also mehr als das andere durch, der Dragster stellt sich quer und kann in die Leitplanken geraten. Bricht der Renner zur Mitte hin aus, bleibt nichts als ein Anlehnmanöver an den Konkurrenten. Der schätzt das freilich weniger als das Publikum. Manche Hasardeure haben sich darauf spezialisiert: Zur Freude der Zuschauer touchieren sie absichtlich und zwingen den Nervenschwächeren vom Gas – gelobt sei, was hart macht.

Das Startmanöver kann aber auch durch platzende Benzinleitungen, Reifenpannen und gerissene Kühlschläuche zu einem Feuerwerk werden. Manchen Fahrern ist es übrigens gelungen, mit Vollgas einer Feuerwand davonzurasen. Manchen auch nicht: Trotz Asbestanzügen und Atemmasken trugen Sie bisweilen tödliche Verletzungen davon.

Ist das Geschoß hingegen gut vom Start weggekommen, droht bei der 200-Meter-Marke erneutes Unheil. Der zweite Gang wird durch Knopfdruck automatisch eingelegt, und die geballte Kraft des Motors kann den Dragster beim Einkuppeln wieder ins Schlingern bringen. Die Gefahr eines Motorplatzers ist kurz vor dem Umschalten ebenfalls am größten: Die Kurbelwelle dreht sich dann 13 000 mal (!) in der Minute. Zum Vergleich: Ein normales Serienauto macht pro Minute selten mehr als 6000 Umdrehungen.

Ganz billig sind die Dragsterrennen folglich nicht. »It takes money to make money« – Du brauchst erst einmal Geld, bevor Du richtig verdienen kannst, lautet hier die Maxime. Zu deutsch: Ein guter Dragster kostet rund 100 000 Mark. Die dazugehörige Ausrüstung noch einmal das gleiche. Ein Spitzenmotor will allein mit 30 000 Mark abgegolten werden. Ein Liter Nitro-Methan-Sprit wird mit fünf Mark veranschlagt, ein Getriebe mit 3000 Mark, und so geht das weiter. Dafür gibt es natürlich auch etwas zu gewinnen: Die Gesamtsumme der Preisgelder überstieg schon 1975 die 8-Millionen-Mark-Grenze. Pro Meisterschaftslauf kommt man so auf etwa eine halbe Million.

Kraft vom Kompressor: Die stärksten Dragstermotoren werden von solchen Kompressoren, die zumeist oben auf dem Triebwerk sitzen, aufgeladen. Als Antrieb dient ein Zahnriemen. Turbolader, also Kompressoren, die vom Abgas angetrieben werden, konnten sich bei Dragstern bislang nicht durchsetzen: Bis sie Ladedruck aufbauen, ist der ganze Spuk schon vorbei.

Dramatik auf der Ziellinie. Zwei »Funny«-Dragster gehen Seite an Seite durch die Lichtschranke. Wie man sieht, mit letzter Kraft: Das Siegerauto steht nach einer Explosion voll in Flammen, während der Unterlegene gerade einen Motorkollaps hat. Seine Ölfahne wird sich Sekunden später ebenfalls in ein flammendes Inferno verwandeln.

Die Schau muß weitergehen: Trotz Dunkelheit ziehen sich Dragsterrennen meist bis spät in die Nacht hin. Bei Zuschauern ist dieses Spektakel besonders beliebt: Feurige Auspuffgase erhellen die Piste.

▷

Ed Pink
RACING ENGINES
Bill Smallwood
CHROME CRANKSHAFTS INC
Gary Henderson
220

Während der »Funny« mit heruntergeklappter Fiberglashaut noch relativ zivil aussieht (unten), verrät der Anblick seiner Innereien (daneben) erst sein wahres Gesicht. Die Karosserie besteht aus einem Teil, wird beim Einsteigen als Ganzes hochgeklappt und wiegt nur wenige Kilo. Oft genug macht sie sich selbständig und schießt dann wie eine Rakete in die Luft. Mangels Anpreßdruck folgt das restliche Auto samt Pilot meist nach. Weitere Charakteristika: Zwei Kompressoren, 2000 PS, Zweigangautomatik, zwei Starrachsen, vorne Miniräder, hinten halbplatte Spezialreifen.

Die Reifen im Großformat: Beim Start krallen sich die schwabbelnden Gummiwülste förmlich in den Asphalt. Kurvenfahren ist mit den Spezialpneus unmöglich: Der Dragster würde sofort umschlagen.

*Folgende Doppelseite:
Zwei »Slingshot«-Dragster kurz nach dem Start beim Passieren des »Christbaums«. Hier offenbaren sich auch zwei Dragster-Weltanschauungen: Während der vordere Fahrer hinter dem Motor sitzt, bevorzugt sein Rivale den Platz vor dem Triebwerk.*

▷

RATTLER

416
A/ED
DON BONFANTI
Temento's
RONNIE TEMENTO
AUTOMOTIVE
PENNZOIL

Auch der Austin Mini macht auf dem »Dragstrip« Furore. Der Motor zog um: Statt unter der Fronthaube lauert er jetzt da, wo sonst der Fahrer sitzt. Oder was sollen die Auspuffrohre auf dem Dach sonst?

◁

Ein »Funny« im wahrsten Sinne des Wortes: Dieser bis zur Unkenntlichkeit modifizierte Fiat Topolino verfügt über hundertmal mehr Leistung als sein Vorbild und ist 350 km/h schnell.

Kein Respekt: Die Dragsterbauer scheuen nicht einmal vor einem ehrwürdigen Jeep zurück. Für solche Vehikel gibt es Spezialwettbewerbe, die in Sanddünen ausgetragen werden.

▷

Alter schützt vor Torheit nicht: Dieser Oldtimer würde an der Verkehrsampel jedem Porschefahrer die Tränen in die Augen treiben.

Winston
DRAG RACING

Technische Delikatesse: Hier ging man besonders gründlich zu Werk, indem man dem Motor außer einem Kompressor noch zwei zusätzliche Turbolader spendierte.

◁

Normalerweise dient der Lincoln Continental als standesgemäßes Gefährt für Staatschefs und Ölscheichs. Dieses Exemplar wurde hingegen so aufgemotzt, daß es nur noch mit einem Bremsfallschirm gebändigt werden kann.

Folgende Doppelseite:
Heißer Sitz: Don Garlits versucht, der drohenden Feuersbrunst einfach davonzufahren.

▷

CRAGAR
BIG DADDY

DADDY
DODGE
ON GARLITS
204
charger
wynn's

Bonneville - Mekka der Rekorde

Ärzte und Wissenschaftler liefen Sturm: Als Ende des vergangenen Jahrhunderts die ersten Automobile auftauchten und plötzlich von Geschwindigkeiten jenseits der 100-km/h-Marke die Rede war, standen den Gelehrten die Haare zu Berge. »Sie werden ihr Gehör verlieren, das Blut wird in ihren Adern stocken, und außerdem ist es für ein menschliches Wesen unmöglich, eine solche Geschwindigkeit zu kontrollieren«, prophezeiten die Mediziner.

Camille Jenatzy, ein belgischer Erfinder, der Elektroautos konstruierte, ließ sich jedoch von solchen Unkenrufen nicht beirren. 1899 erreichte er als erster Mensch mit seinem Elektromobil über 100 km/h. Seit jener Zeit wurden inzwischen mehr als 60 neue absolute Geschwindigkeitsrekorde aufgestellt – sowohl in Amerika als auch in Europa. Die Wege zur Weltbestleistung waren ziemlich unterschiedlich: Außer herkömmlichen Verbrennungsmotoren kamen auch Dampfantriebe, Turbinen und Raketen zu Ehren.

Seit 1965 wird zwischen zwei grundlegend verschiedenen Fahrzeugklassen unterschieden: einerseits »Autos«, die über ihre Räder angetrieben werden, andererseits Gefährte, die den Rückstoß einer Rakete oder einer Turbine ausnutzen. Während die internationalen Motorsportbehörden den Rückstoßkonstruktionen keinerlei Beschränkungen auferlegen, definieren sie den Begriff »Auto« haarscharf: »Ein Auto«, so heißt es, »muß mindestens vier Räder besitzen, die nicht in einer Linie hintereinander angeordnet sind. Außerdem muß die Steuerung über mindestens zwei Räder erfolgen. Das gleiche gilt für den Antrieb.«

Die Raketenmobile haben es folglich viel einfacher. Ein Konstrukteur umschrieb die Verfahrensweise beim Bau einmal folgendermaßen: »Man nehme einen ausgedienten Düsenjäger, stutze ihm die Flügel und füge drei große Räder hinzu . . .«. Radgetriebene »Autos« kämpfen hingegen mit zahlreichen Problemen. Da sind zunächst die Reifen: Sie müssen nicht nur hohe Geschwindigkeiten und somit ungeheure Temperaturen aushalten, sondern auch genügend Haftung bieten. Wie sonst sollen ein paar tausend PS auf den Boden gebracht werden? »Ohne ausreichende Traktion«, verraten die Rennfahrer, »gleicht ein Rekordversuch einer Schlittenpartie auf einem vereisten Abschuß.«

Zurück in die Gründerzeit: Die ersten Bestleistungen, so auch Jenatzys 100-km/h-Meilenstein, wurden natürlich nicht auf der Straße herausgefahren. Diese war damals einfach viel zu uneben und steinig. Die flachen und von Touristen und Hotelbauten noch weitgehend verschonten Strände boten da ein wesentlich geeigneteres Terrain. Selbst Henry Segrave, der 1927 genau 327,898 km/h erzielte, blieb an der See: Unter den Augen zahlloser Zuschauer durchpflügte er den heute noch berühmten Strand von Daytona im US-Staat Florida. Das war nicht nur mit einer gewaltigen Sandwolke, sondern auch mit Geräusch verbunden – sein 1000-PS-Sunbeam, der über zwei V-12-Motoren mit jeweils 22,3 Litern verfügte, verbreitete einen infernalischen Lärm.

Doch die Konkurrenz folgte auf dem Fuße:

Sir Malcolm Campbell, heute noch eine Legende, erschien ebenfalls an der amerikanischen Ostküste und übertrumpfte Segrave gleich mehrmals. Sein »Bluebird« darf getrost für sich in Anspruch nehmen, nicht nur die komplizierteste, sondern auch die bei weitem teuerste Konstruktion der 20er Jahre gewesen zu sein. Campbell verwendete Flugzeugmotoren, deren zwölf Zylinder V-förmig zueinander angeordnet waren. Sie stammten, wie auch Campbell, aus gutem Hause: Rolls-Royce oder Napier. 1935 schraubte der britische Edelmann seinen Rekord auf fast 450 km/h hoch. Sein Ziel – 480 km/h – blieb ihm jedoch vorläufig verwehrt. Schuld daran war nicht sein 2350 PS starkes Auto, sondern die Gegebenheiten in Daytona: Bei einer Geschwindigkeit jenseits von 400 km/h taugt der beste Strand nichts mehr.

Was tun? Campbell beschloß, zusammen mit seinem Konstrukteur Reid Railton, eine bessere Strecke ausfindig zu machen. Der Brief eines gewissen Ab Jenkins kam da gerade recht: Jenkins, ein amerikanischer Mormonenführer, beschrieb Campbell den riesigen Great Salt Lake als für Rekorde wie geschaffen. Der See liegt mitten in der Wüste von Utah. Im Sommer, wenn die Temperaturen auf über 50 Grad steigen, verdampft sein Wasser teilweise, und die Ufer trocknen aus. Übrig bleibt eine topfebene und gleißend weiße Fläche –

Der »Blitzen-Benz« von 1911: Unter dem Amerikaner Bob Burman erreichte das Weltrekordauto am Strand von Daytona 228,1 km/h. Er war auch eines der ersten Autos auf dem Salzsee: Teddy Tezlaff, genannt »Der Schreckliche«, brachte es in Bonneville ebenfalls auf 228 km/h.

Hier eine spätere, schon aerodynamisch verkleidete Version: Sie wog 1450 kg und wurde von einem gewaltigen Vier-Zylindermotor mit 21,5 Litern Hubraum angetrieben. Die daraus resultierende Leistung klingt nach heutigen Maßstäben bescheiden: 200 PS bei 1600 U/min.!

Auf diesem Bild sind weitere Details erkennbar: Der Vergaser arbeitet mit einem Drehschieber, Ventilfedern und Kipphebel stehen frei oben auf dem Triebwerk. Man beachte: Die Hinterachse wird per Kette angetrieben.

am schönsten bei Bonneville an der Grenze zu Nevada. Dort erstreckt sich die Salzfläche über 20-30 Kilometer. Genau das, was Sir Malcolm Campbell gesucht hatte.
Campbell war freilich nicht der erste, der den Salzsee als Vollgaspassage ins Kalkül zog: 1911 »überflog« W. Rishel, ein Fahrradhändler aus Salt Lake City, die Ufer mit seiner Packard-Limousine. Die atemberaubende Geschwindigkeit: 80 km/h.
Teddy Tezlaff, genannt »Der Schreckliche«, konnte das einige Zeit später schon deutlich besser: Sein »Blitzen-Benz« schwang sich 1914 zu sensationellen 228 km/h auf. Der Rekord wurde jedoch nicht offiziell anerkannt. Von soviel Begeisterung ließ sich sogar der ehrwürdige Ab Jenkins mitreißen: Mit wehendem Gewand bezwang das Mormonenoberhaupt einen gewaltigen Zwölfzylinder vom Typ »Pierce Arrow« und markierte einen neuen 24-Stunden-Dauerrekord!

Der legendäre Mercedes Benz T 80, der den absoluten Geschwindigkeitsweltrekord nach Deutschland holen sollte: Sein Flugzeugmotor verfügte über 44 Liter Hubraum und eine Leistung von etwa 3000 PS. Um diese Kraft auf den Boden zu bringen, wurden vier Antriebsräder installiert. Bei hoher Geschwindigkeit preßten zusätzlich kleine Stummelflügel den T 80 auf den Boden. Er wurde von Professor Porsche konstruiert und sollte 650 km/h erreichen. Als Fahrer war Hans Stuck, von dem auch die Idee stammte, vorgesehen. Die 1,16 m hohen Spezialreifen hatten auf dem Prüfstand bereits 700 km/h schadlos überstanden. In der Praxis brauchten sie sich freilich nie zu bewähren: Der Krieg brach aus, und das legendäre Auto verschwand im Museum. Nach dem Krieg beschlagnahmten die Alliierten das Zweitonnenmonstrum: Es hatte ja einen Flugzeugmotor.

▷

Zum Vergleich: Dieser Mercedes-Weltrekordwagen aus dem Jahre 1939 verdeutlicht anschaulich den Fortschritt der Aerodynamik. Rudolf Caracciola erzielte damit am 9.2.1939 bei Dessau internationale Beschleunigungsrekorde. So erreichte er innerhalb eines Kilometers 175,695 km/h und innerhalb einer Meile 204,57 km/h.

Sir Malcolm Campbell und sein Troß schlugen im August 1935 in Salt Lake City ihre Zelte auf. Unter den Schaulustigen befanden sich zwei besonders Interessierte: Mr. Eyston, ein ehemaliger Captain der Royal Army, und Mr. John Cobb, ein wohlhabender Pelzhändler. Beide sollten schon bald zu Campbells erbittertsten Konkurrenten zählen. Im ersten Anlauf brachte es der »Bluebird« nur auf 384 km/h. Der Grund dafür: Weil der Salzsee rund 1300 Meter über dem Meeresspiegel liegt, ist die Luft dort oben entsprechend dünner und das Gemisch in den Brennräumen der Rolls-Royce-Motoren weniger explosiv. Genau 18 Prozent betrug der Leistungsverlust. Freilich wurde dies durch den geringeren Luftwiderstand dort oben wieder teilweise kompensiert.
Am 3. September kam dann die Stunde der Wahrheit: Campbell durchfuhr die Meßstrecke mit einer Durchschnittsgeschwindigkeit von 487 km/h. Dann – beinahe – das Desaster: Der linke Vorderreifen beginnt zu qualmen, es schlagen Flammen aus dem Radkasten, lodern immer höher. Das Auto beginnt zu taumeln, Campbell versucht den riesigen »Bluebird« mit aller Gewalt unter Kontrolle zu halten – und es gelingt. Mit stokkendem Atem windet er sich aus dem Cockpit, gibt wortkarg die Anweisung, die Reifen für den zweiten Lauf in entgegengesetzter Richtung zu wechseln.
Die Mechaniker verbrennen sich die Finger an den sechs kochenden Pneus, und erst nach 55 Minuten kann Campbell wieder starten. Seine Nervenbelastung steigt ins Unerträgliche: Er weiß nun, daß seine Reifen ihn im Stich lassen können, und er weiß auch, daß er jetzt den Wind gegen sich hat. Doch er schafft es: Die 480-km/h-Marke (300 Meilen pro Stunde) fällt zum erstenmal seit Menschengedenken.
Campbell begibt sich in New York an Bord des Dampfers »Majestic« und bereitet sich auf einen Triumphzug in England vor.
Captain Eyston ließ sich von Campbell inspirieren – und zwar gründlich. Bei einem französischen Aerodynamikexperten wurde ein windschlüpfriges Kleid für seine über sechs Tonnen schwere Achtradkonstruktion geschneidert. Ihr charakteristischstes Merkmal: ein riesiges Leitwerk am Heck. Darunter verwendete er den gleichen Antrieb wie Campbell: Rolls-Royce-Zwölfzylinder, 36,5 Liter Hubraum, 2300 PS. Allerdings ging Eyston auf Nummer sicher: Statt einem installierte er zwei der Mammuttriebwerke.
Für die Fachpresse und die Motorsportbegeisterten war das Auto, das 1937 auf dem Salzsee erschien, aber noch aus weiteren Gründen eine Sensation: Um die Antriebsräder ausreichend zu belasten, installierte Eyston die Motoren nebeneinander. Um besser lenken zu können, ließen sich gleich alle vier vorderen Räder einschlagen. Weitere Details: ein Dreiganggetriebe und Luftdruckbremsen.
Dennoch hatte der Engländer zunächst kein Glück: Starke Regenfälle machten die Seeufer unbefahrbar. Dann, am 28. Oktober, sein erster Versuch: 506 km/h! Die beiden Motoren scheinen aber nicht richtig synchronisiert, und die Kupplung gibt ihren Geist in einer blauen Qualmwolke auf. Kein entgegengesetzter Lauf also und kein Rekord.
Am 19. November klappt es schließlich: Eyston erzielt im Durchschnitt aus beiden Läufen 501 km/h – neuer absoluter Geschwindigkeitsrekord zu Lande. Für einen Ex-Captain der Königlich Britischen Streitkräfte freilich noch lange kein Grund, sich auf die faule Haut zu legen: Er reduziert das Gewicht seines »Thunderbolt«, überarbeitet das Cockpit und installiert ein Sauerstoffatemsystem. »Beim letztenmal stiegen mir die Abgase dermaßen zu Kopfe, daß ich bei 500 km/h fast ohnmächtig geworden wäre. Ich konnte kaum noch die Augen aufhalten und hatte immer mehr Mühe, das Auto auf Kurs zu halten«, schilderte der Brite anschaulich die Notwendigkeit einer solchen Einrichtung.
Im Sommer 1938 ist er wieder da: Eyston will auf dem Salt Lake seine eigene Bestmarke übertreffen. Da ist er jedoch nicht der einzige: Auch John Cobb, der Pelzhändler aus Großbritannien, wartet mit seinem »Railton« auf den Einsatz. Einträchtig stehen beide fünf Wochen lang nebeneinander – im strömenden Regen. Ende August durcheilt dann zunächst Eyston die fliegende Meile mit annähernd 560 km/h. Die Rechnung hat er allerdings ohne die Zeitnehmer gemacht: Die Lichtschranke habe nicht funktioniert – vielleicht weil »Thunderbolt« silber sei. »Vielleicht«, so mutmaßten damals die Berichterstatter, »hat man auch schlicht vergessen, die Anlage einzuschalten.« Der Betroffene bleibt freilich – wie es sich für einen Briten gehört – ganz Gentleman. Drei Tage später wiederholt er seine Fahrt und erreicht nun offiziell 553,9 km/h – mit seinem schwarz umlackierten Donnervogel.

Man schreibt das Jahr 1935: Sir Malcolm Campbell posiert mit seinem Sohn Donald vor dem salzverkrusteten »Bluebird« für die Fotografen. Später sollte Donald einmal selbst in die gefährliche Rekordjagd eingreifen.

Das ist der »Bluebird« 1935: Ein Rolls-Royce-Flugzeugmotor unter der riesigen Haube machte ihn 450 km/h schnell. Das Cockpit war noch offen, die Reifen versteckten sich noch nicht unter aerodynamischen Verkleidungen.

Sein schärfster Rivale: Der »Thunderbolt« von Captain Eyston. Die vier vorderen Räder waren lenkbar, die hinteren Zwillingsreifen wurden von zwei 12-Zylinder-Rolls-Royce-Motoren angetrieben. Ergebnis: 575 km/h.

Der »Railton« von John Cobb hielt bis ins Jahr 1963 mit 634,3 km/h den absoluten Weltrekord für Landfahrzeuge. ▽

Der »Bluebird« von Donald Campbell, der 1960 auf dem Salzsee erschien. Campbell hatte mit seiner 5-Millionen-Mark-Konstruktion freilich wenig Glück. Er kam wegen Seitenwind von der Bahn, überschlug sich und wurde schwerverletzt aus dem Wrack geborgen.

Der »Challenger I« stammt ebenfalls von Mickey Thompson und war Vorgänger des »Autolite Special«. Dank zweier kräftiger Pontiac-Automotoren war Thompson damit der erste Amerikaner, der mehr als 480 km/h fuhr. Als Treibstoff verwendete er ein Gemisch aus Benzin und Nitromethanol.

▽

Dennoch beschließt der honorige Weltrekordler, zu bleiben – »vorsichtshalber«, wie er sich ausdrückt. Sein Konkurrent Cobb machte nämlich keinen Hehl daraus, daß er den neuen Rekord für eine überaus kurzfristige Angelegenheit hält. Cobbs »Railton« präsentiert sich in Bonneville nahezu perfekt: Nichts mußte geändert werden, nichts mußte justiert oder eingestellt werden. Cobb brauchte nur auf günstige Bedingungen zu warten und loszufahren.
Das Auto hatte er nach seinem Techniker Reis A. Railton benannt, der von 1931 bis 1935 auch für die Autos Campbells verantwortlich zeichnete. Diesmal war ihm ein besonders genialer Wurf gelungen: Sein Auto wog nur drei Tonnen und beherbergte zwei 12-Zylinder-Flugzeugtriebwerke vom Typ Napier »Lion«. Jedes davon brachte es auf 1200 PS bei 3600 Umdrehungen pro Minute. Ihre Arbeit war geteilt: Während das vorne installierte Aggregat die Vorderräder antrieb, blieb dem Heckmotor der Antrieb der Hinterräder überlassen. Jeder der beiden war mit einem eigenen Dreiganggetriebe gekoppelt. Auf herkömmliche Kühler hatte Railton aus Gewichtsgründen verzichtet – statt dessen temperierte ein Eisreservoir die Motoren für den relativ kurzen Zeitraum der Rekordfahrt. Die fortschrittliche Technik bewährte sich: Nach einigen erfolglosen Anläufen blieben die Meßgeräte bei 563,5 km/h stehen. Das war am 15. September. Beruhigt und zufrieden zog sich Cobb auf ein Nickerchen zurück ins Hotel.
Als er aufwachte, war sein frischgebackener Rekord schon wieder dahin: Eyston und sein »Thunderbolt« hatten binnen 24 Stunden mit 575,2 km/h noch einmal gezeigt, wer die Herren im Hause sind. Die Revanche gelang dem Pelzhändler erst ein Jahr später. 1939 – in Europa standen die Zeichen bereits auf Krieg – raste er mit 593,56 km/h über das weiße Salz. Diesmal sollte seine Bestmarke länger halten – genau acht Jahre; nämlich bis zum Sommer 1947 dauerte es, bevor jemand auf dem Lande schneller war. Wer? Ganz einfach: John Cobb auf einem weiterentwickelten Railton, der diesmal sogar 634,3 km/h schnell war. Damit hatte Cobb für die nächsten 16 Jahre nun endgültig ausgesorgt.
Der Krieg hatte freilich eine Entwicklung eingeleitet, die auch für den Weltrekord mit Landfahrzeugen entscheidende Bedeutung gewinnen sollte: Im Flugzeug traten Turbinen- und Raketenantriebe allmählich an die Stelle der konventionellen Kolbenmotoren. Kein Wunder also, daß sich erstmals wieder 1960, im »goldenen Jahr« des Salzsees Fahrzeuge mit verschiedenen Antriebsformen auf dem Salz ein Stelldichein gaben: V8-Automotor, V12-Flugzeugmotor, Jetturbine und Gasturbine. Die Herausforderer, die allesamt aus England oder den USA stammten, hatten eigentlich nur eine Gemeinsamkeit: Cobbs Uraltrekord zu überwinden.
Zunächst war da Athol Graham, ein Werkstattbesitzer und Ex-Missionar aus Salt Lake City. Aus Teilen eines für 200 Dollar erstandenen Jagdflugzeugs Mustang P51, einem V12-Allison-Motor und dem Zusatztank eines Boeing-B-29-Bombers, der als Karosserie herhalten mußte, hatte der wackere Handwerker eine abenteuerliche Konstruktion zusammengebastelt. Starten durfte er damit nicht: »Dieser Apparat ist viel zu gefährlich«, hatten die Verantwortlichen gesagt und ihn nach Hause geschickt. Daher kam er ein paar Monate später heimlich zurück und gab seinem 300-PS-Gefährt unter Ausschluß der Öffentlichkeit die Sporen. Bei 550 km/h blockierte die Kraftübertragung, der

»rasende Tank« schoß in die Luft und erschlug seinen Piloten.
Nicht viel erfolgreicher war Dr. Nathan Ostich aus Los Angeles. Sein »Flying Caduceus« wurde von einer 5000 PS starken Bomberturbine nach vorn gestoßen und war auf 800 km/h ausgelegt. Trotz zahlloser Versuche über einen Zeitraum von drei Jahren gelang es ihm nicht, mehr als 578 km/h zurückzulegen.
Der dritte im Bunde hieß Mickey Thompson, noch heute einer der bekanntesten Namen des amerikanischen Motorsports. Schon mit zwölf Jahren konstruierte er sein erstes Auto aus Schrott-Teilen, avancierte dann zum Rennprofi und fing 1950, als er zum erstenmal nach Bonneville kam, Feuer. 1957 trat er mit einer stromlinienförmigen Zigarre an, die von zwei schweren Pontiac-Automotoren auf immerhin fast 480 km/h beschleunigt wurde. 1960 entstand in seiner Werkstatt ein allradgetriebenes Auto. Vier V8-Pontiac-Motoren, jeweils von einem Turbolader aufgeblasen, produzierten unter der Aluhaut insgesamt 2400 PS. Ergebnis: 650 km/h - aber nur in einer Richtung (die Kardanwelle war gebrochen). Unterstützt vom Ford-Konzern stattete Thompson dem Salt Lake 1968 und 1969 übrigens noch einmal einen Besuch ab. 800 km/h lautete das Ziel, zwei Motoren – einer mit 1200 PS für die Hinterräder und einer mit 810 PS für die Vorderräder – sollten dies schaffen. Aber das Glück war nicht auf seiner Seite. Im Gegenteil: Der Profirennfahrer geriet ins Schleudern, verließ die Bahn und kam weit abseits der Meßmeile zum Stehen. Ford beschloß, Dragsterrennen seien unter diesen Umständen wohl werbewirksamer. Daher erschien Thompson mangels finanzieller Unterstützung nicht mehr in Utah.
Der vierte schließlich, der 1960 dort auftauchte, hieß Art Arfons, ebenfalls ein erfahrener Dragsterpilot. Mit seinem »Green Monster«, das zunächst von einem Allison-Flugzeugmotor und später von einer Jetturbine angetrieben wurde, war er jedoch »schon« bei 537 km/h am Ende.
Zu guter Letzt noch Campbell. Nein, nicht Sir Malcolm Campbell, sondern sein Sohn Donald. »Die höchste Geschwindigkeit, die ich jemals gefahren bin, waren 150 km/h – mit meinem Rolls Royce«, mokierte sich der junge Engländer über seine amerikanischen Vollgaskollegen.
Campbell steigerte sich vorsichtig: Zuerst 200 km/h, dann 290 km/h, weiter mit 370 km/h, schließlich 560 km/h. Beim letzten und entscheidenden Anlauf spielt das Schicksal nicht mehr mit: Eine Windbö erfaßt »Bluebird« bei hoher Geschwindig-

Mickey Thompson und sein »Autolite Special« von 1968/69 (oben). Wie auch das Foto links unten zeigt, sorgt im »Autolite Special« ein vorderer Motor (810 PS) für den Antrieb der dicht beieinander liegenden Vorderräder, während dem 1200 PS starken Hecktriebwerk der Antrieb der Hinterräder überlassen bleibt. Das Ziel von 800 km/h erreichte Thompson aus verschiedenen Gründen jedoch nie.

Diese Schnittzeichnung durchleuchtet das Innenleben von »Spirit of America I«. Craig Breedlove, ein junger Amerikaner, hatte dieses Monstrum nach eigenen Plänen gebaut. Kernstück der Konstruktion: eine Jetturbine. Der Lufteinlaß befindet sich über der Windschutzscheibe.

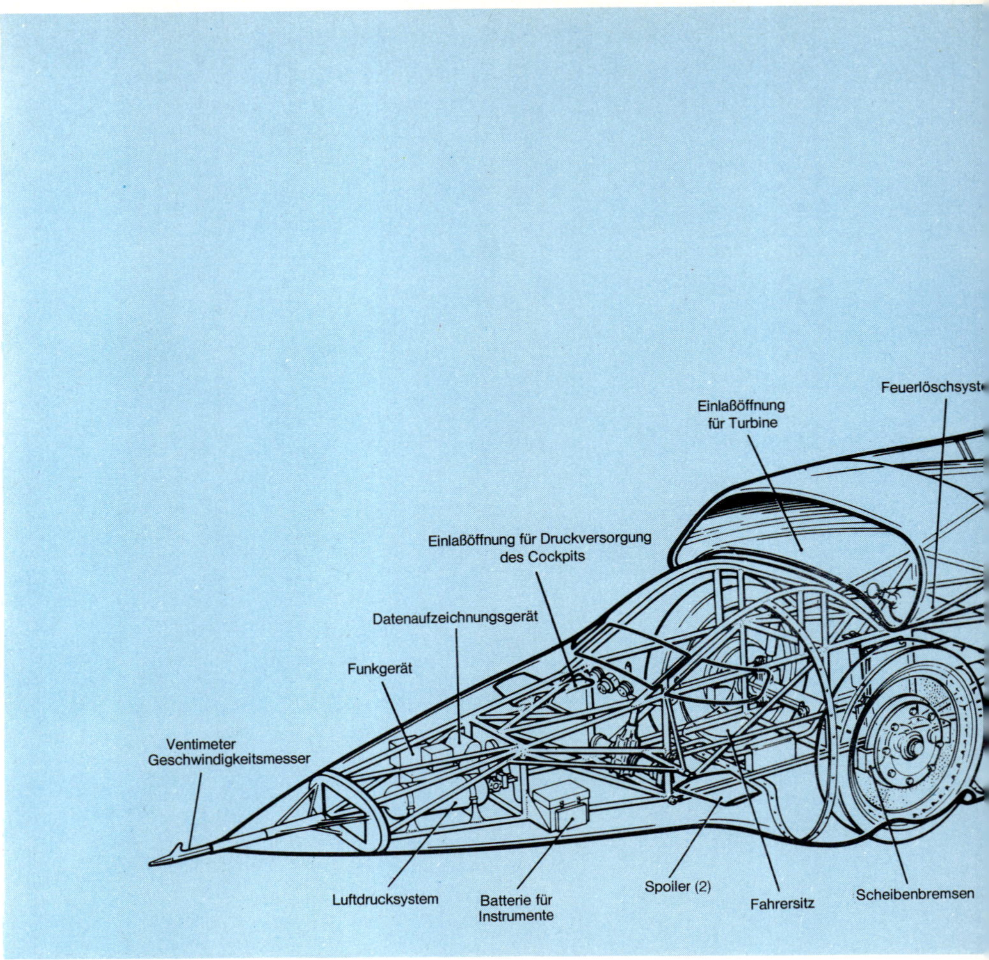

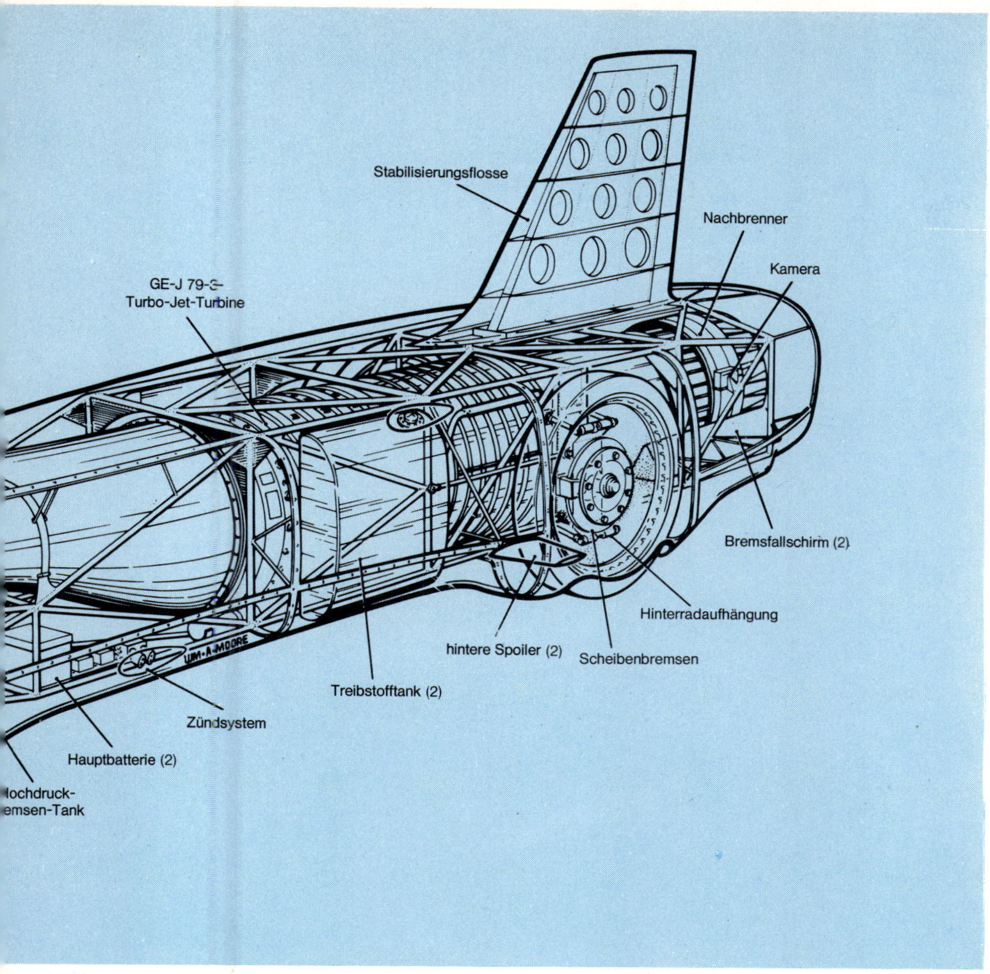

Folgende Doppelseite:
Die zweite Weltrekordkonstruktion von Craig Breedlove, die ebenfalls den Namen »Spirit of America« trug. Höchstgeschwindigkeit: 966 km/h. Der Ritt auf dem Salz hätte ihn beinahe das Leben gekostet, weil der Bremsfallschirm sich nicht öffnete.

Bobby Summers und sein »Goldenrod«, den er praktisch alleine in der Garage zusammenschraubte. Er hat Vierradantrieb und vier Chrysler-Motoren mit Benzineinspritzung. Das genügte für 654,8 km/h. Damit hält er noch heute den absoluten Weltrekord für radgetriebene Automobile.
▽

SHELL

keit, das Monster stellt sich quer. Campbell lenkt entgegen – vielleicht etwas zu viel – bringt sein Geschoß nicht mehr unter Kontrolle, schießt in die Luft und überschlägt sich fünfmal. Schwer verletzt, aber lebend, bergen seine Helfer den Bruchpiloten aus einem Trümmerhaufen, der einstmals einen Wert von fünf Millionen Mark repräsentierte. Vier Jahre später schafft es Campbell dann doch noch: Auf einem ausgetrockneten See in Australien übertrifft er John Cobbs Rekord (für radgetriebene Autos) mit 644,86 km/h knapp. Im gleichen Jahr wechselte hingegen der absolute Geschwindigkeitsrekord zu Lande, der wie gesagt auch mit Jet- und Raketenantrieb gebrochen werden darf, gleich mehrmals innerhalb eines Monats: Als erster schickte Walt Arfons, der mit seinem Bruder Art Arfons übrigens auf Kriegsfuß stand, seinen »Wingfoot Express« auf die Reise. Tom Green, sein Fahrer, schrieb sich daraufhin mit 664,84 km/h in die Annalen ein. Das hatte er nicht zuletzt einem 10 000 PS starken Westinghouse Jetantrieb zu verdanken.

Drei Tage später nimmt sein Bruder Art den Fehdehandschuh auf und macht sich mit 698,34 km/h Luft. Sein »Green Monster« war inzwischen ordentlich zu Kräften gekommen: 17 000 PS eines Jetantriebs schlummerten im Heck.

Art Arfons hatte mit seinem »Green Monster« einen erbitterten Gegner: Sein Bruder Walt versuchte mit allen Mitteln, Arts 927 km/h zu übertreffen. Die beiden sprachen kein Wort miteinander.

Art Arfons
GREEN
MONSTER
Firestone

»Pollution Packer« hatte man diesen Dragster getauft, der 400 Meter aus dem Stand in 5,41 Sekunden zurücklegte. Er war von der Idee her der Vorläufer der »Blue Flame« (siehe Seite 70). Genau wie diese wurde auch der filigrane Dragster von einer Rakete nach vorn geschleudert. Sie arbeitete mit hochexplosivem Wasserstoffperoxyd. Den Anstoß zu der Entwicklung hatte die deutsche V-2-Rakete aus dem Zweiten Weltkrieg gegeben.

Danach ist Craig Breedlove an der Reihe. Breedlove, der mit »Spirit of America I« schon ein Jahr zuvor knapp den absoluten Geschwindigkeitsrekord auf Rädern an sich gerissen hatte, war geradezu der Prototyp des amerikanischen Selfmademan. Schon mit dreizehn zerlegte er seinen alten Ford und setzte ihn danach auch wieder zusammen. Das ganze gleich mehrmals, weils soviel Spaß machte.

Eines Tages marschierte er – inzwischen ein bekannter Dragsterfahrer – in die Shell-Zentrale und präsentierte den Mineralölbossen Pläne für ein dreirädriges Jetgeschoß. Die Manager waren begeistert und gaben Craig das Geld für den Bau.

Am 15. Oktober 1964 hat sich ihre Investition dann gelohnt: Die Uhr bleibt bei 846,78 km/h stehen. Das hätte Breedlove freilich fast mit dem Leben bezahlt: Nach dem Ziel versagte der Bremsfallschirm. Die dramatischen Sekunden wurden von eingebauten Fernsehkameras festgehalten: »Der verdammte Schirm öffnet sich nicht«, schreit Craig ins Mikrophon, seine Mannschaft stürzt aus dem Funkwagen und rast mit den Begleitautos hinterher. Die normalen Bremsen verrauchen wie Wunderkerzen und »Spirit of America« donnert völlig unbeeindruckt mit 800 km/h weiter. Ein winziger Punkt verschwimmt am Horizont, die Retter verlieren Breedlove aus den Augen. Inzwischen im Cockpit: Craig kommt von der Bahn ab, das Salz wird immer holpriger, Gischt verdeckt die Sicht. Markerschütternd werden die Schläge, dann schließlich ein Knall, Wasser dringt ein, er verliert die Orientierung. Breedlove reißt die Kanzel auf, wird von einer salzigen Brühe herausgerissen und findet sich oben am Rande eines Tümpels wieder. Seine Freunde preschen heran und trauen ihren Augen nicht: Von der einstmals stolzen »Spirit of America« ragt nur noch die Heckflosse aus dem Wasser und daneben lacht ein unverletzter Craig Breedlove.

Jetzt geht es wieder hin und her: Zwölf Tage später steigert sich Art Arfons auf 863,566 km/h. Ein Jahr danach schlägt Breedlove mit einer nunmehr vierrädrigen »Spirit of America« zurück. Die Bilanz: 893,199 km/h. Fünf Tage danach revanchiert sich Art Arfons mit 927,674 km/h. 1965 reißt Breedlove den Rekord dann noch einmal mit über 960 km/h an sich. Damit geht die Ära der Jetantriebe auf dem Salz zu Ende, und es schlägt die Stunde der Raketenmotoren. Im September 1970 steht das Raketengeschoß »Blue Flame« auf dem Salz. Es ist über zehn Meter lang, zwei Tonnen schwer und hat 35 000 PS, die allerdings in Rückstoßform frei werden.

Diese Konstruktion und ihr Fahrer, Gary Gabelich, machten am 23. Oktober Geschichte: Über die fliegende Meile fielen 1001,442 km/h an, über den fliegenden Kilometer sogar 1008,62 km/h (neuer und bislang ungebrochener Weltrekord). Das Ende dürfte damit noch nicht erreicht sein: Gabelich beschleunigte nur die Hälfte der Strecke, den anderen Teil ließ er sich vorsichtig rollen.

Dieses Turbinenmonstrum soll laut Auskunft seines Erbauers die Schallgrenze durchbrechen. Die zu breiten Reifen, das teilweise offene Cockpit und die zerklüftete Form entlarven diese Absicht jedoch mehr als frommen Wunsch.

PACKER
BONNEVILLE DRAGSTER
GOODYEAR

F&F
CRAGAR
FOR
4 HOUR COUGH RELIEF
RACEMASTER
ROGER GUSTIN
RACE CARS

THE BLUE FLAME
GOODYEAR

Der schnellste der Schnellen: Gary Gabelich, der gegenwärtig den absoluten Geschwindigkeitsrekord zu Lande hält. Mit dem Raketendreirad »Blue Flame« brachte er es auf 1008 km/h!

Geschichte des absoluten Geschwindigkeitsweltrekords

Datum	Fahrer	Wagen	km/h
18. 12. 98	Chasseloup-Laubat	Jeantaud	63,137
17. 01. 99	Jenatzy	Jamais Contente Jenatzy	66,645
17. 01. 99	Chasseloup-Laubat	Jeantaud	70,297
27. 01. 99	Jenatzy	Jamais Contente Jenatzy	79,485
04. 03. 99	Chasseloup-Laubat	Jeantaud	93,724
29. 04. 99	Jenatzy	Jamais Contente Jenatzy	105,856
13. 04. 02	Serpollet	Serpollet	120,771
05. 08. 02	W. K. Vanderbilt	Mors	122,413
05. 11. 02	H. Fournir	Mors	123,249
17. 11. 02	Augieres	Mors	124,102
17. 03. 03	Rigolly	Gobron-Brillie	134,287
05. 11. 03	A. Duray	Gobron-Brillie	136,331
12. 01. 04	Henry Ford	Ford „999"	
22. 01. 04	W. K. Vanderbilt	Mercedes	
31. 03. 04	Rigolly	Gobron-Brillie	152,501
12. 05. 04	De Caters	Mercedes	156,491
21. 07. 04	Rigolly	Gobron-Brillie	166,628
13. 11. 04	Victor Hemery	Darracq	168,189
30. 12. 04	Barras	Darracq	176,427
25. 01. 05	H. L. Bowden	Mercedes	
08. 11. 09	Victor Hemery	Benz	202,596
16. 03. 10	Barney Oldfield	Benz	
23. 04. 11	Bob Burman	Benz	
17. 05. 22	K. Lee Guinness	Sunbeam	207,836
26. 06. 24	J. G. Parry-Thomas	Leyland-Thomas	208,736
06. 07. 24	Rene Thomas	Delage	230,589
12. 07. 24	E. A. D. Eldridge	Fiat	234,748
25. 09. 24	Capt. M. Campbell	Sunbeam	235,176
21. 07. 25	Capt. M. Campbell	Sunbeam	242,582

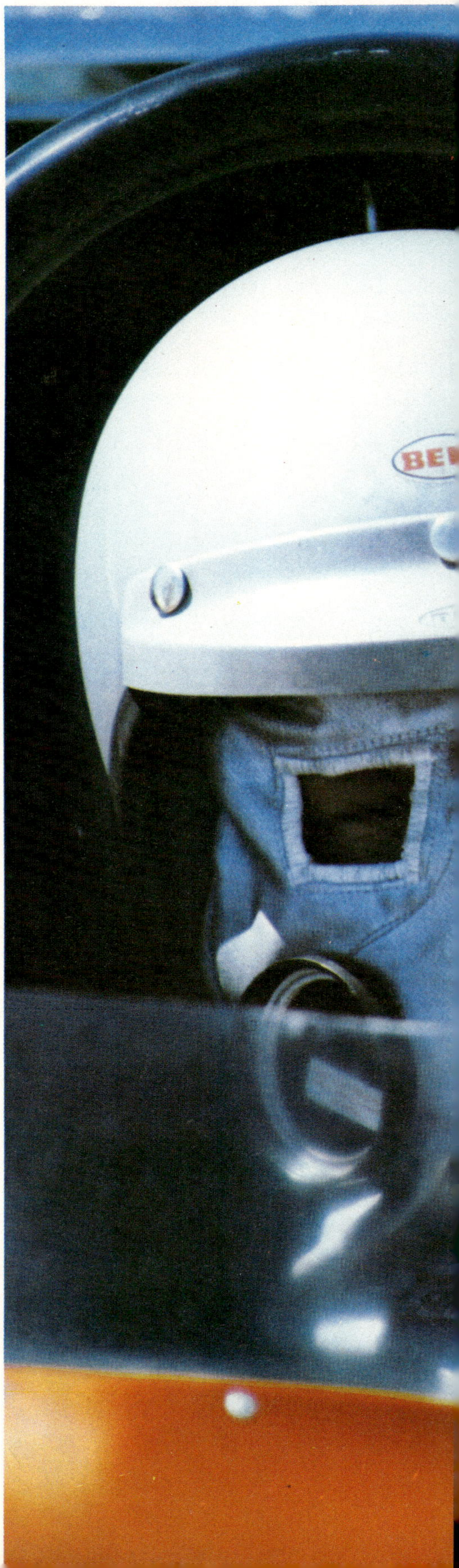

Geschichte des absoluten Geschwindigkeitsweltrekords

Datum	Fahrer	Wagen	km/h
27. 04. 26	J. G. Parry-Thomas	Thomas Special	270,433
28. 04. 26	J. G. Parry-Thomas	Thomas Special	274,534
04. 02. 27	Capt. M. Campbell	Napier-Campbell	280,326
29. 03. 27	Maj. H. O. D. Seagrave	Sunbeam	327,898
19. 02. 28	Capt. M. Campbell	Napier-Campbell	332,992
22. 04. 28	Ray Keech	White Triplex	333,951
11. 03. 29	Maj. H. O. D. Seagrave	Irving-Napier	372,397
05. 02. 31	Sir Malcolm Campbell	Napier-Campbell	395,952
24. 02. 32	Sir Malcolm Campbell	Napier-Campbell	408,621
22. 02. 33	Sir Malcolm Campbell	Napier-Campbell	437,823
07. 03. 35	Sir Malcolm Campbell	Bluebird Special	445,403
03. 09. 35	Sir Malcolm Campbell	Bluebird Special	484,518
19. 11. 37	Capt. G. E. T. Eyston	Thunderbolt	501,075
27. 08. 38	Capt. G. E. T. Eyston	Thunderbolt	555,909
15. 09. 38	John Cobb	Railton	563,472
16. 09. 38	Capt. G. E. T. Eyston	Thunderbolt	575,218
23. 08. 39	John Cobb	Railton	593,560
16. 09. 47	John Cobb	Railton-Mobil Spl.	634,268
05. 08. 63	Craig Breedlove	Spirit of America	655,587
02. 10. 64	Tom Green	Wingfoot Express	664,839
05. 10. 64	Art Arfons	Green Monster	698,338
13. 10. 64	Craig Breedlove	Spirit of America	754,169
15. 10. 64	Craig Breedlove	Spirit of America	846,780
27. 10. 64	Art Arfons	Green Monster	863,566
02. 11. 65	Craig Breedlove	Spirit of America – Sonic I	893,199
07. 11. 65	Art Arfons	Green Monster	927,674
15. 11. 65	Craig Breedlove	Spirit of America – Sonic I	966,367
23. 10. 70	Gary Gabelich	The Blue Flame	1001,442

Bonneville – das sind nicht nur Weltrekorde. Jedes Jahr im August treffen sich die Geschwindigkeitsfanatiker zur »Speedweek«, um irgendeinen Rekord zu brechen. In den zahllosen Klassen gibt es über hundert verschiedene Bestleistungen.

Obwohl zur »Speedweek« meist Privatfahrer erscheinen, treiben die Akteure unglaublichen Aufwand. Die Karosserien werden im Windkanal erprobt, teure Spezialreifen gekauft, umfangreiche Sicherheitsvorkehrungen getroffen. Neben kräftigen Überrollbügeln und automatischen Feuerlöschanlagen sorgen zumeist auch Sauerstoffmasken für den Ernstfall vor. Der Pilot auf der vorigen Seite trägt eine Art »Gasmaske«. Sie soll verhindern, daß er die heißen und schädlichen Abgase seiner Turbine einatmet. Obwohl die »Speedweek« seit nunmehr 28 (!) Jahren zu einer festen Einrichtung für die amerikanischen Motorsportfans geworden ist, gab es bislang kaum ernsthafte Unfälle. Als größte Ehre für einen Teilnehmer gilt es, in den »200-Meilen-Club« aufgenommen zu werden, also schneller als 320 km/h zu fahren.

Ein umgebauter Dragster, der seinem Besitzer zu „Bonneville-Ehren“ verhelfen soll. Stolz posiert er für den Fotografen. Übrigens: Hauptberuflich fungiert er als Fernsehansager, nach Feierabend als Vater dreier Kinder.

Das Cockpit des Gasturbinen-Autos »Thunderbird«. Die beiden roten Knöpfe betätigen die Bremsfallschirme.

▽

△
Der »Thunderbird« vor dem Start. 1700 PS, die ihn 660 km/h schnell machen sollen, warten auf ihren Einsatz. Beim Start heißt es wegzutreten: Die kochendheißen Abgase, die an der Seite herausströmen, führen noch auf zehn Meter zu Verbrennungen.

Die verbreitetste Antriebsart beim »Speedweek«-Sport sind noch heute die großvolumigen amerikanischen V8-Motoren. Sie stammen aus Serienautomobilen und sind entsprechend preiswert. Durch Hubräume bis zu sieben Litern, Abgasturbolader und Alkoholzugaben zum Benzin lassen sich jedoch bis zu 2000 PS erzielen.

»Belly Button« nennen sich diese Gefährte, die einer Spezialklasse angehören. Die ehemaligen Flugzeugtanks bringen es auf fast 500 km/h. Die Tropfenform birgt einen V8-Motor, das spitze Ende einen Bremsfallschirm.

▽

Auch das gibt es in Bonneville: Die schnellsten »Hot-Rods« der Welt. Die Amerikaner verstehen unter diesem Ausdruck frisierte alte Autos, die eigentlich nur noch die groben Umrisse mit ihrem Ausgangsprodukt gemein haben. Wie gründlich dabei zu Werke gegangen wird, zeigen die erreichten Geschwindigkeiten: Dieser Oldtimer, der um 1930 entstand, fährt immerhin 280 km/h schnell. Dreimal flotter also als zu seiner Geburtszeit.

Klein aber oho: Dieser 500-ccm-Flitzer ist zwar nur 80 cm hoch, dafür aber über 200 km/h schnell.

▷

So nagt das Salz an den Telefonleitungen: Die Pfosten müssen alle paar Jahre ausgetauscht werden. Durch Umwelteinflüsse wird der befahrbare Teil des Salzsees immer kleiner und die Piste immer schlechter. Riesige Hobel glätten die Bahn. Schon gibt es eine Bürgerinitiative »Rettet das Salz«, die gegen die umliegenden Fabriken zu Felde zieht, weil sie über unterirdische Kanäle Salzwasser absaugen und den See allmählich zerstören.

MEN

Ein »Belly Button« in Aktion: Wie ein Flugzeug ohne Flügel rast der wildgewordene Tank über die Salzpiste. Mehrere Dutzend dieser Spezialkonstruktionen liefern sich Jahr für Jahr einen harten Rekordkampf bis auf die dritte Stelle hinter dem Komma.

Dem Nachwuchs eine Chance: Diesen Minidragster hat ein stolzer Vater seinem zwölfjährigen Sohn gebaut. Der kleine Rennfahrer schreckt damit nicht einmal vor der 160-km/h-Marke zurück. Der Vater: »In spätestens fünf Jahren ist er im 200-Meilen-Club!«

Dieser »Hot-Rod« sieht nicht nur von außen originell aus. Aus dem Cockpit ist die Aussicht kaum weniger ungewöhnlich: Die ohnehin vom blendenden Salz und der gleißenden Sonne irritierten Augen können durch die winzigen Scheibchen nur die Richtung ahnen. Da wird Geradeausfahren zum Problem.

20

36
BELL
GOLF CAR
Sears
DieHard

737
E

Der schnellste Diesel der Welt:
Bill Snyder mit seinem »Thermo King«, der von zwei aufgeladenen Isuzu-Sechszylindern 320 km/h schnell vorangetrieben wird. Sein ärgster Rivale: ein tonnenschwerer Lastwagen, der 232,416 km/h schaffte!

Kein Mondauto, sondern das mit 262 km/h schnellste Elektroauto der Welt. Ganz aus eigener Kraft schwang sich das Batteriegefährt freilich nicht zu dieser Leistung auf: Von einem Transporter wurde es zunächst bis 160 km/h angeschoben, bevor sein Pilot die Motoren anschaltete.

▷

OWNER / DRIVER
ROGER HEDLUND
TED BROWN

C-201 DIESEL
POWERED BY THERMO KING
WORLDS RECORD 196.554 MPH FLYING MILE BONNEVILLE 1975
THERMO KING
CORSAIR III
Bill Snyder
THERMO KING
BUILT BY
HEAVY EQUIPMENT DIESEL CLUB
COLLEGE OF THE REDWOODS
EUREKA CALIFORNIA

Mit unglaublichem Enthusiasmus präparieren die Teilnehmer der Speedweek – meist wenig vermögende Privatleute – ihre rasenden Ungetüme. Dieser »Hot Rod« zeichnet sich durch saubere Verarbeitung und zweifelhafte Aerodynamik aus.

Strömungsgünstiger dürfte jedoch dieser roter Flunder ausgefallen sein, der in immer wieder modifizierter Form nun schon seit sechs Jahren an der »Speedweek« teilnimmt. Persönliche Bestleistung 320 km/h. ▽

Besondere Aufmerksamkeit schenken die Rennfahrer der Lackierung ihrer Gefährte. Dieser „Belly Button" steht schon in Flammen, bevor er überhaupt losgefahren ist.

Der Phantasie sind keine Grenzen gesetzt. Der Erbauer dieses anläßlich der 200-Jahr-Feier der USA mit »Stars and Strips« dekorierten Gefährts erhofft sich von der ausgeprägten Schaufelform aerodynamische Vorteile. ▽

Die Schallmauer wackelt

Es hatte alles harmlos begonnen. Kitty O'Neil las, wie jeden Samstag, den Kleinanzeigenteil der ›Los Angeles Times‹ und stieß auf eine merkwürdige Offerte: »Vermiete Raketenauto. Suche Fahrer und Fahrerin für Weltrekordversuche. Festpreis Dollar 20 000.« Kitty O'Neil, erfolgreiche Double-Darstellerin in Hollywood, setzte sich mit einem gewissen Bill Frederick in Verbindung. Er erklärte ihr, daß nicht er die 20 000 Dollar zahlen würde, sondern sie müßte es tun. »Schließlich mache ich Sie berühmt.« Dennoch wurde man sich handelseinig.

Am Samstag, dem 4. Dezember 1976, war es dann soweit. In der abgelegenen Alvord Wüste sollte Kitty ihre ersten Versuche unternehmen. Der Countdown begann mit dem Betanken der 2¹/₄ Tonnen schweren und knapp zwölf Meter langen Rekord-Zigarre. 600 Liter Wasserstoffperoxid flossen in den Rumpf. Bill Frederick, der Erbauer des Rekordwagens, half Kitty ins hautenge Cockpit, befestigte ihren Sechspunktgurt und stülpte ihr den Helm mit der Sauerstoffversorgung über. Dann schnallte er auch den Kopfschutz am Überrollbügel fest. Das kleine Dach, dessen Scheibe allein 25 000 Mark teuer war, wurde sorgfältig verschlossen. Der Begleitertroß zog sich ins Computerzentrum, das in einem Lastwagen installiert wurde, zurück. Nur noch der Sprechfunk vermittelte Kontakt zur Außenwelt. Aber nur Piepstöne einer bestimmten Frequenz gingen hin und her. Kitty ist nämlich seit ihrem 4. Monat taub (!) und kann nur so Botschaften entschlüsseln.

Im Dunkel der Kanzel spiegeln Instrumente, verwirren numerierte Knöpfe. Kitty konzentrierte sich. Servodruck der Lenkung: o.k.

Druck im Wasserstoffperoxidtank: o.k.

Druck der Ventile am Ende des Stickstoff-Treibmittel-Behälters: o.k.

Das Kontrollprogramm des Computers fragte weiter: Ist mit den Bremsfallschirmen alles in Ordnung, stimmt die Sauerstoffversorgung?

Noch zehn Sekunden bis zum Start. 5 .. 4 ..3..2..1..0: Kitty entsichert den grünen Knopf, der die Tankventile in Bewegung setzt und tritt das Pedal voll durch. Flüssiger Stickstoff dringt aus einem separaten Tank unter hohem Druck in den Wasserstoffperoxidbehälter ein und preßt die Flüssigkeit durch einen Katalysator. Hier kommt es zu einer chemischen Reaktion, die in der schlagartigen Explosion der Wasserstoffverbindung gipfelt. Mit einem Schub von 10 000 Kilopond wird heißer Dampf aus dem Heck des Rekordautos geschleudert. 48 000 PS werden frei. Nach zwei Sekunden: 160 km/h! Die holperige Piste schlägt erbarmungslos auf die großen, aber nur fünf Zentimeter breiten Aluminiumräder ein. Sechs Sekunden später: über 800 km/h.

▷

Die Schaltzentrale: Das Cockpit des Überschallautos »SMI-Motivator« ähnelt dem Interieur eines modernen Jagdflugzeuges. Auch der Startvorgang könnte aus der Luftfahrt stammen: Ein Computer erteilt dem Piloten per Funk die Anweisungen, zunächst sämtliche Funktionen und Aggregate durchzuchecken. Dafür benötigt der Fahrer fast eine halbe Stunde. Damit er nicht durcheinander kommt, sind alle Hebel numeriert. Gut zu erkennen: Der Lenker, der einen Radausschlag von nur einem Grad ermöglicht, und darunter der grüne Knopf, der den Raketenmotor in Bewegung bringt.

Kitty O'Neil, die mit dem neuen Auto schon fast 860 km/h schnell war. Ursprünglich wollte sie nur den absoluten Geschwindigkeitsrekord für Frauen an sich reißen, jetzt trachtet sie nach der Schallgrenze.

APCO
PRESSURE REGULATOR
VALVE

Bill Frederick zeigt hier eines der meterlangen Computerprogramme, die den Angriff auf die Schallmauer bereits minutiös vorausberechnet haben. So weiß er heute schon ganz genau, wo sein Fahrer welcher Belastung ausgesetzt ist, daß der gesamte Rekordversuch nur zwanzig Sekunden dauern wird und daß 1300 km/h erreicht werden. Die Fehlerquote: 5 Prozent.

Kitty zielt das Geschoß in die vermutlich richtige Richtung. Der Lenkradausschlag, der ihr dabei zur Verfügung steht: ein Grad in jede Richtung. Die Alu-Räder berühren nur noch mit einem messerscharfen Grat in der Mitte die Fahrbahn, der Rest schwebt auf einem Luftkissen. Der Bordcomputer steuert die vorderen Anpreßflächen aus, um den nur 50 cm breiten Rumpf am Boden zu halten. Kittys Körper wird mit der achtfachen Kraft der Erdanziehung in den Sitz gepreßt. Statt 55 kg wiegt sie jetzt 440 kg. Kitty geht vom Gas: 858,736 km/h lautet das Ergebnis. Und das, obwohl Kitty nur sechs der möglichen zwanzig Sekunden auf dem Gas blieb. Keine Frage: Die anvisierten 1300 km/h sind zum Greifen nahe.

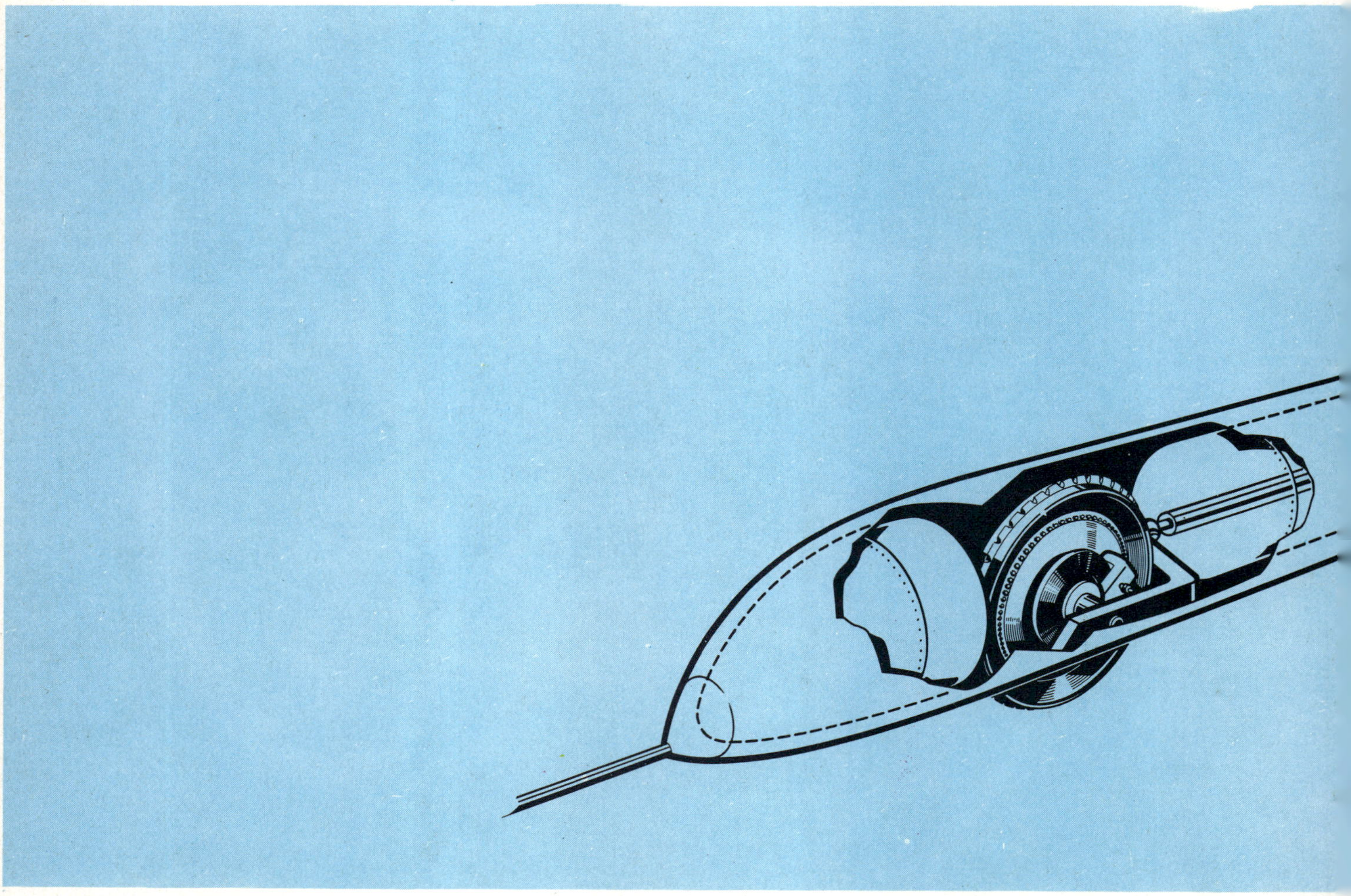

Dennoch darf Kitty die Schallmauer einstweilen nicht brechen: Hal Needham, ebenfalls ein Sensationsdarsteller aus Hollywood, hat mit Bill Frederick einen Vertrag, als erster diese Grenze überschreiten zu dürfen. Allein, bislang fehlt ihm noch der Mut. Von einer Frau will er sich den Schneid aber nicht abkaufen lassen. Mit der Begründung »es sei unwürdig, daß eine Frau das schnellste Wesen zu Lande sei«, schoben er und seine Sponsoren die mutige junge Dame einstweilen aufs Abstellgleis: Wie man das nennt? – Technik aus der Raumfahrt und Moral aus der Steinzeit.

Die Räder des Autos bestehen aus Aluminium und weisen in der Mitte einen messerscharfen Grat auf. Ab 800 km/h berührt nur noch diese Kante den Boden, der Rest schwebt auf einem Luftkissen.

Das Rekordauto in der Schnittzeichnung: Die Tanks für den Raketenmotor beanspruchen den meisten Raum. Im Heck befinden sich die drei Behälter für die Bremsfallschirme.

▽

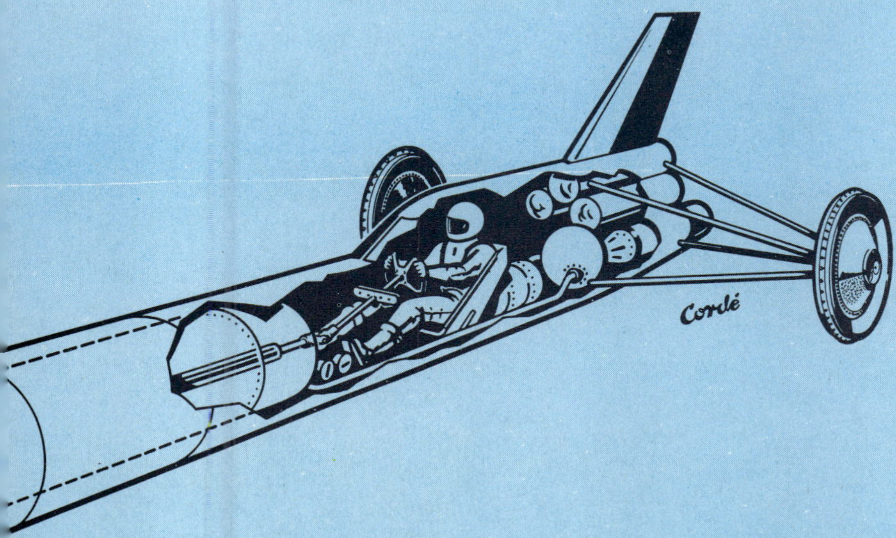

Der Autor sprach in Kalifornien mit Bill Frederick, dem Erbauer des Mach-I-Autos. Ort des Interviews: die Frederick-Privatgarage, in der das sensationelle Dreirad entstand:

»Ich spreche nicht gern über Chancen«

Autor: Mr. Frederick, warum sind Sie eigentlich daran gegangen, ein Überschallauto zu bauen?
Frederick: Das ist mein Hobby. Ich baue seit 20 Jahren Raketenantriebe und war auch am ›Blue Flame‹-Projekt beteiligt.
Autor: Woher haben Sie das Wissen?
Frederick: Ich habe eines Tages beschlossen, so etwas zu tun, und ich habe es auch durchgehalten. Mein Wissen habe ich mir selbst beigebracht.
Autor: Wer finanziert das? Wovon leben Sie selbst?
Frederick: Für das Auto habe ich den »SMI«-Verlag als Sponsor gewonnen, außerdem zahlen die Fahrer, wie Sie wissen. Ich selbst baue Raketenmotoren, die in fast allen Hollywood-Stuntszenen verwendet werden.
Autor: Was ist Ihr Auto wert?
Frederick: Ungefähr eine Million Mark.
Autor: Wie kommt Kitty O'Neil auf die Idee, Ihr Raketenmonstrum zu fahren?
Frederick: Sie ist sehr mutig und sehr reich.
Autor: Stimmt es, daß sie taub ist?
Frederick: Ja, aber wir können während des Rekordversuches durch Piepstöne in Kontakt bleiben.
Autor: Wie groß ist die Überlebenschance?
Frederick: Ich spreche nicht gern über Chancen. Art Arfons überstand einen Unfall mit fast 1000 km/h. Gott war mit ihm, er wird auch uns beistehen.
Autor: Würden Sie sich schuldig fühlen, wenn jemand im »SMI-Motivator« umkommt?
Frederick: Darüber spreche ich gar nicht erst. Es wird nicht passieren.

△
Hier entstand das Wunderauto: Bill Frederick schuf seine Rakete in der 6×6 m großen Garage seines Privathauses. Der Schwanz des Monstrums steht daher meist im Freien. Einziger Helfer beim Bau: Bills 16jähriger Neffe.

▷
Bill Frederick erläutert dem Autor sein Raketenauto. Die wichtigsten Instrumente liegen unter der gepanzerten Frontscheibe und können auch von außen abgelesen werden. Sie geben Auskunft über Servodruck der Lenkung, Druck im Wasserstoffperoxidtank, Druck der Tankventile und Druck der Fallschirmkanonen.

Heißer Wasserdampf wird mit einem Schub von 10 000 Kilopond aus dem Heck geschleudert. Das entspricht etwa 48 000 PS. Da es sich nur um eine »Probefahrt« handelt, fehlen noch einige Verkleidungsbleche.

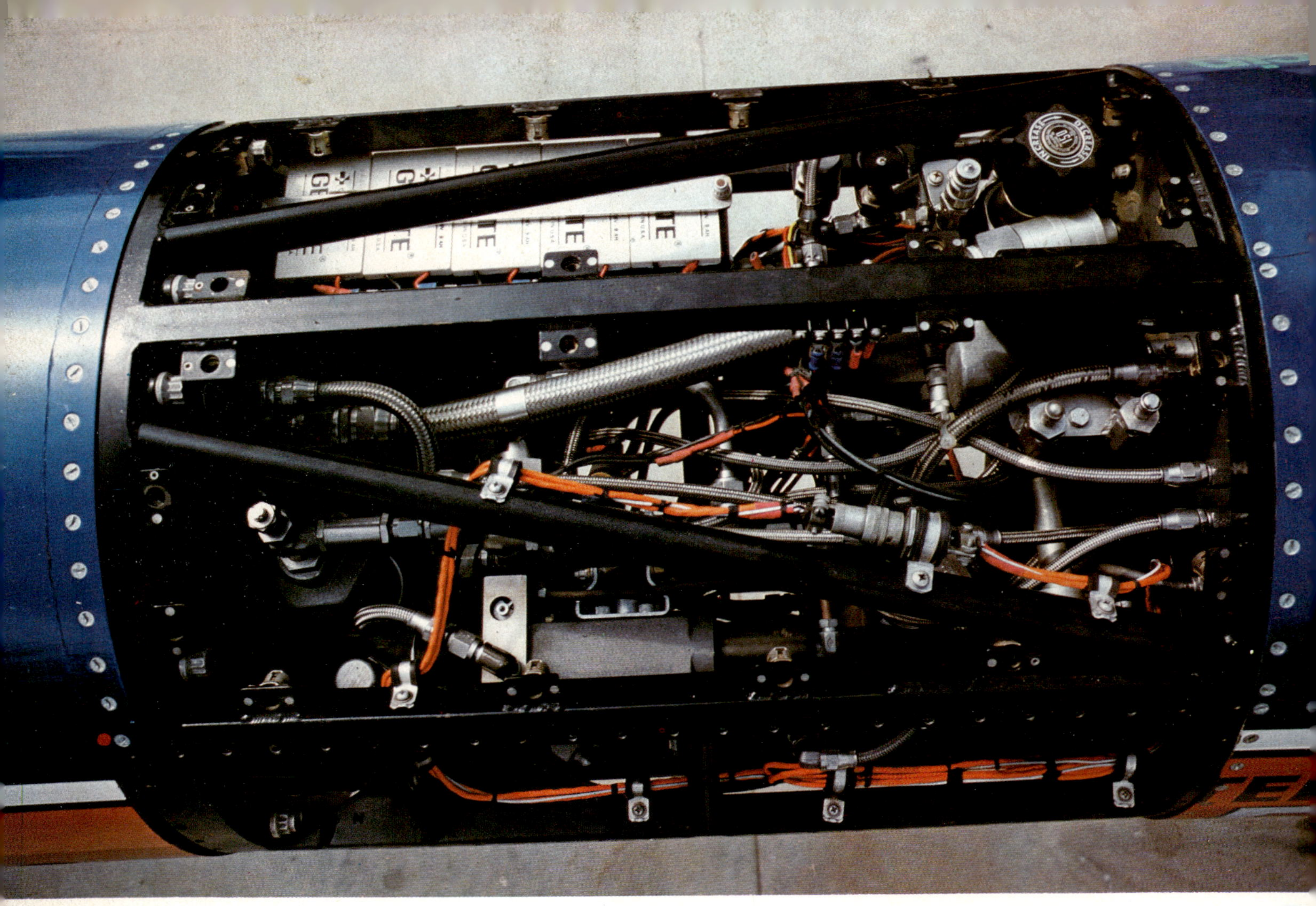

Canon
VALVOLINE
KENWORTH TRUCKS
MONROE
MOTOROLA
CRAGAR
HAL NEEDHAM
WILLIAM
SMI MOTIVA
PROTO
FMC
WILLIAM

Der Helm und die Sauerstoffanlage, die Kitty O'Neil während der Fahrt trägt. Wegen der gewaltigen Verzögerung beim Auslösen der Bremsfallschirme wird der Helm am Überrollbügel angeschnallt, damit Kitty sich nicht das Genick verstaucht.

▷

Neben den Tanks befinden sich in der Fahrzeugmitte die hydraulischen Systeme für Lenkung, Bremsen, Luftleitbleche und Ventile. Der Bordcomputer ist ebenfalls hier untergebracht. Während der Fahrt tauscht er ständig mit dem Kontrollcomputer am Start Informationen aus.

Vorbereitungen für den ersten Probelauf: Das Rekordauto wird aus einem Speziallastwagen gehieft. In diesem Lastwagen befindet sich der Kontrollcomputer, der die »Bodenmannschaft« während der Fahrt ständig auf dem laufenden hält. Hier ist auch der Tachometer eingebaut, der im eigentlichen Auto fehlt! Übrigens: Die Schallmauer selbst ist die größte Unbekannte. Sie schwankt nämlich je nach Meereshöhe und Temperatur. Ist es kalt, liegt sie niedrig, wird es wärmer, steigt die Grenze entsprechend. Auf dem Salzsee schwankt sie demnach zwischen 1000 und 1200 km/h.

Wie schnell sie sind
Boot 459,5 km/h
Motorrad 481,41km/h
Jumbo 950 km/h
Auto (bisher) 1008 km/h
Semi Motivator ca.1200 km/h
Starfighter 2400 km/h
Pistolenkugel 3600 km/h
Saturnrakete 40 280 km/h

OLDEN
KOTT
11
TEXTAR